GRUNDKURS BOULDERN

Ralf Winkler

Vielen Dank an alle, die an diesem Büchlein mitgearbeitet haben. Das gilt insbesondere für Sindy, die immer wieder als Testleserin herhalten musste, Hagen, der technische Schützenhilfe geleistet hat, und den Blockpark Erfurt, durch den ich diesen Sport überhaupt erst kennenlernen konnte und der mir als Kulisse für die Aufnahmen im *Grundkurs Bouldern* gedient hat.

Wer zum ersten Mal fortgeschrittene Boulderer am Felsen oder an der Kunstwand in der Halle sieht, wird mit großer Wahrscheinlichkeit beeindruckt sein. Die kleinsten Leisten, Mini-Tritte und abschüssige Flächen werden da gehalten oder gestanden und Überhänge durchquert, als hätte jemand die Schwerkraft ausgeknipst. Auf Menschen, die sich gerade erst mit diesem Sport vertraut machen, mag das beinahe unmöglich wirken. Man kann sich kaum vorstellen, die gleichen Griffe zu halten, Tritte sicher zu stehen und bockschwere Züge aussehen zu lassen, als wären sie ein Kinderspiel. Die dafür nötige Kraft und Technik lässt sich aber problemlos entwickeln. Sofern man bereit ist, einige einfache Regeln zu berücksichtigen, stellen sich beim Bouldern sehr schnell Fortschritte ein. Dabei spielt es im Grunde keine Rolle, ob man bereits eine gewisse Grundfitness mitbringt oder bisher eher weniger von Sport gehalten hat.

Der *Grundkurs Bouldern* soll eben diese Grundlagen vermitteln. Dabei wird es darum gehen, welche Herausforderungen an der Wand warten, wie man damit am besten umgeht und was tunlichst vermieden werden sollte. Neben Techniken und dem Wissen um Griff- und Trittarten werden aber auch ganz grundlegende Themen behandelt. Was muss man haben, um bouldern zu können? Wie entwickelt man sich weiter und was ist zu tun, wenn einmal eine Verletzung zwickt? Auf derartige Fragen finden sich im *Grundkurs Bouldern* Antworten. Ziel ist es, einen möglichst umfassenden Einblick in den Sport zu geben, ohne jeden Aspekt bis ins Kleinste zu beleuchten. Am Ende soll man gut gerüstet ins Training gehen und die Vielseitigkeit des Boulderns von einer verlässlichen Basis aus selbst erkunden können.

Inhaltsverzeichnis

Teil 1. Der Urschleim

Bouldern? Was ist das eigentlich?

Mit Klettern kann eigentlich jeder etwas anfangen – zumindest theoretisch. Irgendwo hat man schon einmal Menschen beobachten können, die Felswände zu ihrer Spielwiese machen. Sei es im Urlaub, im Fernsehen oder beim wahllosen Durchklicken auf Youtube, an diesem Sport kommt kaum jemand vorbei. Für gewöhnlich sind diese Kletterer mit spezieller Ausrüstung unterwegs, hängen an einem Seil und müssen eine Reihe von Techniken beherrschen, um trotz der luftigen Höhen kein übermäßiges Risiko einzugehen. Für Einsteiger ist das nicht unbedingt einladend, weil man sich zuerst einmal mit der Sicherungstechnik auseinandersetzen muss, bevor man den Fels erklimmen kann. Dazu kommt, dass die Kletterei ohne erfahrenen Partner weder empfehlenswert noch sonderlich spaßig ist. Auch dann nicht, wenn man die Grundlagen beherrscht. Fehler passieren schnell und können ernste Konsequenzen haben.

Bouldern ist mit dem Klettern eng verwandt, in der breiten Öffentlichkeit aber vergleichsweise unbekannt. Im Grunde ist das schade, weil diese Spielart es Neulingen überraschend einfach macht. Da es sich beim Bouldern per Definition „um Klettern in Absprunghöhe“ handelt, braucht man keine besonderen Kenntnisse und auch keinen erfahrenen Partner, um mit diesem Sport zu beginnen. Was es braucht, ist ein kletterbarer Felsen oder vorzugsweise eine Kletter- beziehungsweise Boulderhalle. Letztere werden in jüngster Zeit in immer mehr Städten eröffnet und bringen diese Variante der Kletterei so auch in Regionen, in denen Naturfels Mangelware ist.

Kurz zur Erklärung: Mit Absprunghöhe ist eine Höhe gemeint, bei der man aus der Route fallen oder springen kann, ohne ernsthafte Verletzungen zu riskieren. Eine Sicherung mit Seil und Klettergurt wird somit unnötig, spezielle Matten verhindern, dass man sich dennoch etwas tut. Mancher könnte nun meinen, dass damit ja der Spaß verloren geht, weil das Überwinden der Angst vor der Höhe einen Teil des Reizes ausmacht. Für die meisten Menschen trifft das aber gerade am Anfang nicht zu, da schon zwei oder drei Meter Luft unter den Sohlen für ein ordentliches Kribbeln sorgen können.

Außerdem kommt beim Bouldern der Aspekt der Athletik dazu. Während Kletter-Neulinge ihre Zeit in Touren verbringen, die schwereren Leitern gleichen, kann man beim Bouldern schon früh an Sprüngen arbeiten oder in den Überhang gehen. Möglich wird das, weil Boulderprobleme häufig nur aus einer Handvoll schweren Zügen bestehen, auf die man seine gesamte Kraft konzentriert. Beim klassischen Klettern liegt der Fokus am Anfang eher darauf, die vorhandene Kraft einzuteilen und genügend Ausdauer aufzubauen, um sich über Minuten in der Wand halten zu können. Überhänge und dynamische Bewegungen stehen deshalb erst später auf dem Plan. Das kann zwar ebenfalls sehr viel Freude bereiten, aber seien wir ehrlich: Wie eine Fliege in der Decke zu hängen und sich dabei Griff um Griff vorwärts zu arbeiten, fühlt sich einfach verdammt gut an. Bouldern ist so gesehen dank der größeren Bewegungsfreiheit wirklich Zucker für die Sportlerseele.

Was man an Ausrüstung braucht

Die Kletterschuhe

Eingangs hieß es zwar, man bräuchte zum Bouldern nicht viel mehr als eine Klettergelegenheit, ganz akkurat ist diese Aussage aber nicht. Wer mit diesem Sport beginnen will, sollte zumindest ein Paar Kletterschuhe besitzen. Geht man in die Halle, reichen für den Start durchaus auch Turnschuhe aus, nach ein paar Besuchen wird man aber umsatteln wollen. Das liegt zum einen daran, dass Kletterschuhe eine spezielle Gummisohle haben, die für ordentlichen Halt an den Tritten sorgt, und zum anderen an der hohen Sensibilität, die diese Spezialtreter bieten. Weil Kletterschuhe keine oder nur eine sehr dünne Fütterung besitzen, kann man wesentlich besser erspüren, ob der Fuß sicher steht. Das ist Gold wert, wenn die Tritte mit zunehmender Schwierigkeit kleiner werden.

Voraussetzung für dieses gute Gefühl ist allerdings, dass der

Kletterschuh eng genug sitzt. Für gewöhnlich kaufen Kletterer diese deshalb in einer etwas kleineren Größe als normale Straßenschuhe. Wichtig ist, dass man zumindest die ersten Kletterschuhe nicht auf gut Glück in einem Online-Shop besorgt, sondern sie vorher anprobiert. Nur so kann man herausfinden, ob der Schnitt zum eigenen Fuß passt und die Größe tatsächlich die richtige ist. Gerade bei der Größenangabe gibt es teilweise erhebliche Unterschiede zwischen den Herstellern und Modellen. Ein Beispiel aus eigener Erfahrung: Während mir bei einer Schuhgröße von 44 ein 42,5er *La Sportiva Mythos* beinahe so gut wie ein Hausschuh gepasst hat, wollten sich meine Füße partout nicht in einen *Scarpa Vapor V* gleicher Größe pressen lassen. Vom Blindkauf kann man deshalb nur abraten, zumal selbst die billigsten Schuhe mit einem Preis von 50 bis 60 Euro nicht unbedingt ein Schnäppchen sind.

Noch ein paar Anmerkungen: Kletterschuhe dürfen beim Kauf durchaus unangenehm straff sitzen und das vorn wie hinten. Weil es beim Bouldern vorkommt, dass man die Ferse zum Treten und Ziehen einsetzt, muss auch diese sicheren Halt haben. Andernfalls verabschiedet sich der Schuh vom Fuß. Im Laden sollte man außerdem im Hinterkopf behalten, dass sich die neuen Treter anfangs noch ausdehnen. Bei Schuhen aus Leder kann das bis zu einer Nummer ausmachen. Bei Kunststoffschuhen fällt die Dehnung weniger drastisch aus.

Typisch ist, dass Anfänger das erste Paar eher zu groß kaufen. Das ist nicht dramatisch, weil die perfekte Passform der Schuhe am Anfang für die Leistung an der Wand eher zweitrangig ist und diese ohnehin ein Verschleißteil sind, das immer wieder nachgekauft werden muss. Im Interesse des eigenen Geldbeutels macht es vor diesem Hintergrund aber Sinn, nicht gleich zu den teuersten Modellen zu greifen. Größere Summen auszugeben, lohnt erst, wenn man bereits eine recht gute Vorstellung davon hat, wie sich ein Kletterschuh am Fuß anfühlen muss.

Was ein Schuh Einsteigern bieten sollte

Steht man in einem gut bestückten Outdoor-Geschäft vorm Kletterschuhregal, kann man mit der Auswahl als Laie schnell überfordert sein. Insbesondere die Schnittformen von Kletterschuhen können für Verwirrung sorgen. Generell sollte man sich als Anfänger keinen allzu abgefahrenen Schuh kaufen, da eine ungewöhnlich anmutende Form zwar unter Umständen mit einer besseren Performance, definitiv aber auch mit schmerzenden Zehen einhergeht. Weil man die Leistungsvorteile solcher Treter ohnehin erst benötigt, wenn das eigene Können Anfänger-Niveau überschritten hat, kann man sich die Schmerzen sparen.

Am besten fahren Neulinge mit einem symmetrisch geschnittenen Schuh, der von oben betrachtet einem Straßenschuh sehr ähnlich ist und zur natürlichen Form des Fußes passt. Das Gegenstück sind asymmetrische Schuhe, bei denen der Vorderfuß nach innen gepresst wird, was es erleichtert, Druck auf sehr kleine Tritte zu bringen. Das ist nicht bequem und in anfängertauglichen Routen unnötig, da die Trittmöglichkeiten dort groß genug ausfallen. Schaut man sich den Schuh von der Seite an, sollte er ebenfalls einem Straßenschuh ähneln und auf den Boden gestellt nahezu flach aufliegen. Erinnert die Form eher an eine Banane, besitzt der Schuh eine starke Vorspannung, die den Kletterer ebenfalls beim Stehen auf schlechten Tritten unterstützt. Je stärker die Wölbung ist, desto geringer fällt der Tragekomfort aus. Noch unangenehmer wird es, wenn die Spitze des Schuhs sichtbar abknickt. Dieser im Fachjargon als Downturn bezeichnete Schnitt soll auch auf den kleinsten Tritten und in Dächern sicheren Halt bieten, wenn mit dem Fuß am Tritt gezogen werden muss. Auch das braucht man beim Start ins Boulderer-Leben nicht.

Auswahl gibt es außerdem beim Verschluss, wo Schnürer und Schuhe mit Klettbändern auf dem Plan stehen. Grundsätzlich ist gegen beide Varianten nichts einzuwenden, solange der Schuh straff genug zugezogen werden kann. Schnürsenkel bieten hier den Vorteil größerer Variabilität, während Klettschuhe schneller aus- und angezogen sind. Sitzt der Schuh sehr eng, kann das durchaus praktisch sein. Greift man zu einem Modell mit drei Klettbändern, die über den gesamten Fußrücken verteilt sind, lässt sich die Passform ebenfalls gut einstellen. Schuhe mit nur zwei Verschlüssen im oberen Bereich des Fußes müssen hingegen von vornherein sehr gut sitzen. Eine dritte Variante ganz ohne Verschlusssystem ist der Slipper. Da er äußerst eng sein muss, um sicheren Halt zu bieten, sollten Anfänger vom Kauf absehen.

Was jeden anfängertauglichen Schuh auszeichnet, ist außerdem eine dickere Sohle. Diese bietet zwar etwas weniger Gefühl beim Auftreten, gleichzeitig aber mehr Material, das abgerieben werden kann, bevor der Schuh geflickt oder erneuert werden muss. Da die Fußtechnik anfangs nicht allzu ausgefeilt ist, hat man so länger etwas von der Investition.

Mein Tipp zum Abschluss: Wer bei der Schuhwahl gänzlich überfordert ist, sollte es einmal mit dem bereits erwähnten *La Sportiva Mythos* versuchen. Durch seinen fußfreundlichen Schnitt und die Möglichkeit, die Form über die Schnürsenkel an den eigenen Fuß anzupassen, kommt der Schuh bei vielen Kletterern gut an. Unter den Trägern sind auch Koryphäen wie Alexander Huber, der den *Mythos* unter anderem bei einer gänzlich ungesicherten Begehung der etwa 500 Meter hohen Hasse-Brandler-Route an der großen Zinne getragen hat. Da ein Sturz bei solchen Unternehmungen quasi garantiert tödlich ausgeht, beweist das großes Vertrauen in dieses Stückchen Leder und Gummi.

Chalk und Chalkbag

Ein zweites Utensil, das beim Klettern und Bouldern eigentlich nicht fehlen darf, ist der Chalkbag. In diesem kleinen Beutelchen, das für gewöhnlich mit einem Band wie ein Gürtel an der Hüfte festgemacht werden kann, tragen Kletterer ihren Chalk-Vorrat mit sich herum. Dieser Zauberstaub ist auch als Magnesia bekannt und wird außerhalb des Klettersports beispielsweise von Turnern und Kraftsportlern verwendet. Das weiße Pulver hat den Zweck, den beim Klettern unweigerlich entstehenden Handschweiß zu trocknen und sorgt so für mehr Grip. Ohne Chalk werden Griffe schnell glitschig und lassen sich kaum noch halten, weshalb es gern und häufig benutzt wird. Gleichzeitig kommt ihm eine gewisse Schutzfunktion zu. Durchgeweichte Haut ist weniger belastbar, reibt sich eher ab oder reißt sogar ein. Chalkbags und Chalk gibt es für ein paar Euro online oder im Fachgeschäft. Falsch machen kann man hier eigentlich nichts.

In direktem Zusammenhang mit Magnesia stehen außerdem die Bürsten, die viele Boulderer bei sich tragen. Bei all seinen positiven Eigenschaften hat Chalk leider den Nebeneffekt, mit der Zeit die

Struktur der Griffe zuzusetzen. Damit man trotzdem optimalen Halt findet, putzt man überschüssiges Pulver wieder herunter. Eine Bürste kann also praktisch sein, ist aber kein Muss. Für den Anfang tut es auch eine harte Zahnbürste mit steifem Stiel. Letzterer ist wichtig, weil sie sonst unter dem Druck nachgibt und das Chalk nicht ordentlich abschrubben kann.

Das Crashpad

Der dritte wichtige Ausrüstungsgegenstand beim Bouldern ist das Crashpad. Dabei handelt es sich um eine Schaumstoffmatte, die im Falle eines Sturzes für eine schmerzfreie Landung sorgen soll. Diese Matten benötigt man allerdings nur, wenn man in der freien Natur unterwegs ist. In Boulderhallen gehören Sicherheitsmatten zur Standardausstattung, um die man sich nicht selbst kümmern muss. Treibt es einen später nach draußen, ist ein Crashpad allerdings unverzichtbar. Dann kommt auf den Boulderer neben den Schuhen eine weitere große Investition zu, da selbst die günstigsten brauchbaren Pads nicht für unter 100 Euro über den Ladentisch gehen. Im zweistelligen Bereich sind nur Startpads angesiedelt, die als weiche Unterlage für Sitz- und Liegestarts, aber nicht für Stürze gedacht sind und deshalb keine echte Alternative darstellen. Da man mit einem Crashpad allein für gewöhnlich nicht weit kommt, also besser gleich zwei oder drei mit an den Felsen schleppt, muss man hier tatsächlich etwas mehr Geld in die Hand nehmen. Dafür kann ein gut gepflegtes Pad auch nach Jahren noch bedenkenlos eingesetzt werden.

Die Kletterhose

Schaut man sich in den einschlägigen Outdoor-Shops um, wird man auf Kletterhosen stoßen, die zum Teil recht kostspielig sind. Ob man sich ein solches Exemplar anschaffen will, ist im Grunde absolute Geschmackssache. Es spricht nichts dagegen, Boulder in einer normalen Jogginghose oder Alltagskleidung zu erklimmen, solange die für ausreichend Bewegungsfreiheit sorgt. Genau das ist der Sinn von Kletterhosen, die entweder luftig geschnitten oder aus dehnbarem Material gefertigt sind, um den Kletterer nicht bei der Bewegung zu behindern. Es gibt kaum etwas Ärgerlicheres, als an einer Route zu scheitern, weil die Hose so spannt, dass man den Fuß nicht auf den nächsten hohen Tritt bekommt. Die Hersteller achten für gewöhnlich außerdem darauf, robusten Stoff zu nutzen, der sich durch Reibung an rauen Flächen und scharfen Kanten nicht sofort in Wohlgefallen auflöst. Das hat den netten Nebeneffekt, dass die Haut darunter besser geschützt ist. Ein Muss sind Kletterhosen trotzdem nicht.

Bequeme Hose, Chalkbag und Kletterschuhe - das ist, was man zum Bouldern braucht.

Draußen oder drinnen beginnen?

Für Anfänger ist der Gang an den echten Fels nur bedingt empfehlenswert. Wohnt man nicht gerade in der Nähe eines größeren Kletter- und Bouldergebiets, fehlt es meist an ausreichend leichten Routen, an denen man die eigenen Fähigkeiten entwickeln kann. In kleineren Gebieten kann es sogar sein, dass Anfänger überhaupt keine passenden Bouldermöglichkeiten finden. Sollte es diese doch geben, braucht man immer noch jemanden, der weiß, wo eben diese Probleme zu finden sind und wie man sie am besten angeht. Das macht den Einstieg nicht unbedingt einfacher.

Für absolute Neulinge ohne Kontakte in die Kletterszene ist es deshalb definitiv leichter, in eine Halle zu gehen. Dort fallen die Routen vielseitiger aus und sind so ausgelegt, dass Sportler jedes Niveaus eine Herausforderung finden. Da zudem regelmäßig umgeschraubt wird, gibt es immer wieder neue Probleme, an denen man die eigenen Grenzen herausschieben kann. Die lange Suche nach Routen, die für Anfänger geeignet sind, fällt ebenfalls weg. In Hallen gibt es für gewöhnlich Farbcodes, anhand derer man auf den ersten Blick erkennen kann, in welcher Schwierigkeit sich eine Route bewegt. Das kann je nach Betreiber unterschiedlich gelöst sein. Üblich ist, dass farbige Zettel an den Griffen oder die Farben der Griffe selbst anzeigen, ob eine Route zur leichteren oder anspruchsvolleren Gattung zählt.

Das (kurze) Regelwerk des Boulderns

Wie in jedem Sport haben sich auch beim Bouldern eine Handvoll Grundregeln herausgebildet, an denen man sich orientiert. Im Grunde geht es dabei darum, wann ein Problem als geklettert gilt. Kurz und knapp: Bei jedem Boulder gibt es einen oder zwei Startgriffe und einen Endgriff, auch Top genannt. Klettert man an einem Block, also einem Boulder (englisch für Felsbrocken) im eigentlichen Sinne, kann das Ziel auch sein, nach oben auszusteigen, sprich auf den Block zu klettern. Als gelöst gilt ein Problem, wenn man ohne abzusetzen vom Start bis zum Ziel klettert und den Endgriff etwa drei Sekunden mit beiden Händen sicher hält.

Damit in der Halle keine Verwirrung darüber aufkommt, welche Griffe für den Start genommen werden können und wo eine Route endet, sind diese gesondert markiert. Gängig sind beispielsweise nummerierte Zettel, wobei Start- und Topgriffe die gleiche Ziffer haben. Alles, was an Griffen und Tritten farblich dazu passt, darf in der Regel auch genutzt werden. Strukturen in der Wand – etwa eingefräste Kanten oder kleine Vorsprünge –, die man in einigen Hallen finden kann, gehören hier dazu. Zu diesen Strukturen zählt man auch Elemente, die an die Wand geschraubt werden können und für mehr Abwechslung und Freiheiten bei der Gestaltung der Boulderprobleme sorgen sollen. Ob diese Elemente nur zu einzelnen oder allen Routen an einer Wand gehören, ist aber unterschiedlich. Im Zweifelsfall wissen die Mitarbeiter der Halle oder andere Boulderer Bescheid. In seltenen Fällen kann es außerdem sein, dass der Schöpfer der Route nicht will, dass bestimmte Elemente, Kanten oder Griffe genutzt werden, die zwar in Reichweite sind, aber zu einem anderen Problem gehören. Dann wird das auf dem Zettel am Startgriff vermerkt.

Dass Löcher, Griffe, Kanten und Strukturen eines Boulders nicht mitbenutzt werden dürfen, gibt es übrigens auch am echten Felsen. Da man die entsprechenden Informationen dort nicht einfach in das Gestein kritzeln kann und Mundpropaganda nicht sonderlich weit reicht, greift die Kletterszene auf gedruckte Führer zurück. Dabei handelt es sich um Karten für die Gebiete, in denen neben der Position der Blöcke die einzelnen Routen beschrieben werden. In den letzten Jahren findet man diese Informationen vermehrt auch kostenlos online, was den Übergang vom Drinnen- zum Draußenbouldern etwas erleichtert.

Elemente sorgen für Abwechslung in der Wandstruktur und können als Griffe und Tritte dienen.

Bouldern ohne Partner?

Beim klassischen Klettern ist man ohne Partner aufgeschmissen. Sieht man von ein paar weniger komfortablen Möglichkeiten zur Selbstsicherung ab, ist der Mann oder die Frau am anderen Ende des Seils die eigene Lebensversicherung. Wer klettern will, braucht also einen verlässlichen Kollegen, der diese Leidenschaft teilt. Boulderer haben es da grundsätzlich einfacher. Da sich das Sicherungsmaterial auf ein Crashpad beschränkt, ist man nicht zwingend auf andere angewiesen. Das gilt besonders für Ausflüge in die Halle, wo eine flächendeckende Matte das perfekte Absturzgelände bietet. Selbst wenn man sich hier einmal nicht halten kann, landet man mehr oder minder weich und auf einer ebenen Fläche, wodurch das Verletzungsrisiko auf ein Minimum gesenkt wird. Allein bouldern zu gehen, ist also möglich.

Bei Touren ins Freie sind die Bedingungen naturgemäß nicht immer optimal. Da können schon einmal kleinere Blöcke und Wurzeln den Boden zur Huckelpiste machen und dafür sorgen, dass ein Absturz unangenehm wird. Gleichzeitig lässt sich das Gelände unter einem Block nur selten so gut mit Crashpads auspolstern, dass die Felsakrobatik ähnlich sicher wie in der Halle wird. Hier macht ein zweiter Mann Sinn, der sich hinter den Kletternden stellt und dafür Sorge trägt, dass dieser bei einem Sturz auf der Matte landet. Im Fachjargon wird das „spotten" genannt. Ohne Spotter am Naturfelsen unterwegs zu sein, kann riskant werden und ist deshalb nicht zu empfehlen. Beim Besuch einer Halle kommt man für gewöhnlich ohne Spotter aus, trotzdem kann es hilfreich sein, um dessen Anwesenheit zu wissen, wenn ein schwieriger Zug kommt. So fällt es leichter, die Angst zu überwinden, die in solchen Situationen der Grund dafür sein kann, die notwendige Bewegung nicht oder nur mit angezogener Handbremse auszuführen. Der Spotter im Rücken sorgt für mehr Sicherheit im Kopf.

Das ist aber nicht der einzige Grund, warum das Bouldern in der Gruppe mehr Sinn macht. Der Kletterpartner ist schlicht und ergreifend ein hervorragender Motivator. Ist man mit jemandem unterwegs, der auf einem ähnlichen Niveau bouldert, kann man zusammen nach Lösungen für Züge suchen oder sich Bewegungen abschauen. Manchmal genügt es auch schon, zu sehen, dass ein Problem lösbar ist, um es selbst mit neuer Motivation anzugehen und schließlich zu bewältigen. Es ist deshalb nicht ungewöhnlich, dass man in der Gruppe schneller besser wird als allein.

Der Spotter sorgt im Fall eines Sturzes dafür, dass der Kletterer sicher landet. Dadurch sollen vor allem Kopfverletzungen verhindert werden.

Obwohl ich die Frage „Besser mit Partner?“ generell mit „Ja“ beantworten würde, heißt das nicht, dass Anfänger aufgeben sollten, die in ihrem Bekanntenkreis niemanden zum Bouldern motivieren können. Im Gegenteil: Glücklicherweise ist die Kletter-Community eine sehr aufgeschlossene Gemeinschaft, was es erleichtert, Kontakte zu knüpfen.

Wenn zwei oder drei Menschen am gleichen Boulderproblem tüfteln, kommen sie beinahe zwangsläufig ins Gespräch. Hinzu kommt, dass Kletterer in der Regel hilfsbereite Zeitgenossen sind und gern den einen oder anderen Tipp geben. Dadurch bleibt man beim Bouldern eigentlich nie lange allein.

Teil 2. An die Wand

Das erste Mal

Unabhängig davon, ob man sich schon einmal mit dem Bouldern befasst hat oder nicht, herrscht beim ersten Mal an der Kunst- oder Felswand eine gewisse Unsicherheit. Mancher Anfänger steht förmlich mit drei Fragezeichen über dem Kopf auf der Matte und ist mit dem üppigen Angebot an bunten Griffen und Tritten sichtlich überfordert. Einzelne Routen lassen sich zwar anhand der Farbcodes leicht unterscheiden, was dem eigenen Niveau entspricht oder zu schwer ist, sieht man als angehender Boulderer aber noch nicht. Kommt dann noch der Umstand dazu, dass man sich vor den alten Hasen nicht unbedingt blamieren will, sind manche Neulinge beim ersten Besuch tatsächlich eher damit beschäftigt, ziellos durch die Halle zu wandern und anderen zuzuschauen, als selbst etwas zu probieren.

Das mag helfen, um sich einzugewöhnen und eine Idee zu bekommen, was Bouldern in der Praxis ist. Wer diesen Sport wirklich kennenlernen will, muss aber irgendwann selbst Griffe in die Hand nehmen. Übermäßige Zurückhaltung ist dabei fehl am Platz. Der beste Weg, um einzusteigen, ist meiner Meinung nach der Sprung ins kalte Wasser. Sprich: Ein paar ordentlich große Griffe und Tritte suchen, Hände und Füße an die Wand und dann so gut wie möglich nach oben steigen. Das sieht beim ersten Mal in den seltensten Fällen schön aus, stören muss und soll das aber niemanden. Schließlich ist es nur logisch, dass einem Anfänger Kraft und Technik fehlen, um ähnlich formschön nach oben zu tänzeln, wie man es bei erfahreneren Kletterern beobachten kann. Schämen braucht man sich deshalb nicht. Keiner der in diesem Moment Anwesenden hat zu Beginn eine bessere Figur gemacht.

Ziel des Boulderdebüts sollte es ohnehin nur sein, erst einmal ein Gefühl für die neue Bewegungsart zu bekommen. Manch einer wird dabei möglicherweise überrascht feststellen, dass schon anderthalb oder zwei Meter Höhe ausreichen können, um den Puls nach oben zu treiben. Diese anfängliche Unsicherheit lässt in den meisten Fällen aber nach ein paar Versuchen nach. Gewöhnung ist alles.

Eine Frage stellt sich natürlich noch – wenn ich einmal oben bin, wie komme ich wieder runter? Mein Tipp: Als Anfänger sollte man es erst einmal mit Abklettern versuchen. Zwar sind Sprünge dank der Matten auf dem Boden relativ ungefährlich, es braucht aber etwas Routine, damit dabei nichts schiefgeht. Wichtig ist, nicht nur auf den Füßen zu landen, sondern sofort in die Hocke zu gehen und sich wahlweise nach vorn auf die Hände kippen zu lassen oder nach hinten abzurollen, um den Schwung gelenkschonend abzubauen. Zur Übung kann man die letzten anderthalb Meter im Freiflug absolvieren, sollte dann aber darauf achten, gut aufgewärmt zu sein.

Das Klettern vorgegebener Routen spielt beim ersten Besuch übrigens eine absolut untergeordnete Rolle. Ob man in der Linken einen roten und in der Rechten einen gelben Griff hält und die Füße auf Tritten mit unterschiedlichen Farben stehen – also mehrere Routen gleichzeitig genutzt werden – ist deshalb völlig egal. Nach den Regeln spielen kann, wer sich eine gewisse Routine erarbeitet hat. Dann kommt für gewöhnlich der Ehrgeiz ins Spiel, die Boulder ohne Schummeleien zu absolvieren. Spätestens an diesem Punkt wird es auch Zeit, die grundlegenden Techniken einzuschleifen, um die bestmöglichen Ergebnisse zu erzielen.

Gegenseitige Rücksichtnahme!

Eine Regel muss man in jedem Fall beherzigen: Gegenseitige Rücksichtnahme ist die oberste Devise! Das heißt in erster Linie, dass man mit offenen Augen in der Halle unterwegs ist und sich von Routen fernhält, in denen gerade geklettert wird. Andernfalls macht man unter Umständen die unangenehme Erfahrung, den Sturz eines anderen Boulderers bremsen zu dürfen. In Hallen und am Felsen ist es grundsätzlich tabu, übereinander zu klettern oder das Absprunggelände zu blockieren, wenn man nicht gerade die Rolle des Spotters übernimmt. Das erspart schmerzhafte Lektionen. Im Idealfall hält man stets ein paar Schritte Abstand von der Wand, insbesondere, wenn diese um die Ecke geht. Hier kann man schlicht nicht wissen, welche Überraschungen ein paar Meter weiter warten.

Kein großes Problem ist es, wenn sich zwei Boulderer gegenseitig in die Route klettern, was immer mal wieder vorkommen kann, weil man sich nicht gesehen oder nicht registriert hat, dass sich die Boulderprobleme kreuzen. Eine „Vorfahrtsregelung“ für solche Situationen gibt es nicht. Für gewöhnlich wird aber einer von beiden den Weg freimachen – solange nicht beide den Dickschädel markieren und darauf bestehen, dass der andere das Feld zu räumen hat. Auf derartige Anwandlungen verzichtet man lieber. Allzu egoistisches Gehabe kommt genauso schlecht an wie Großspurigkeit und das Schmücken mit unverdienten Federn. Da unterscheidet sich die Boulderhalle nicht von der restlichen Welt.

Das sollte nie passieren: Das Absprunggelände ist blockiert. Stürzt man nun, wird es für alle Beteiligten unangenehm.

Grundlegende Techniken 1: Hände und Füße

Auch wenn es am Anfang eher darum geht, die erste Scheu zu überwinden, können und sollten Neulinge vom Start weg auf einige grundlegende Dinge achten, wenn sie ihre bestmögliche Leistung abliefern wollen. Da das ohnehin immer das Ziel sein dürfte, werden im Folgenden typische Anfängerfehler und Wege, sie zu vermeiden, beschrieben.

Auf die Füße kommt es an

Preisfrage: Woran erkennt man beim Klettern oder Bouldern einen Neuling? Fehlende Kraft in den Fingern? Zittrige Knie? Geringe Körperspannung, ungelenke Bewegungen oder unmögliche, aber bisweilen fast kreative Versuche, eine Route zu lösen? Zugegeben, nichts davon ist wirklich falsch, das mit Abstand verräterischste Merkmal von Anfängern ist allerdings die Fußtechnik. In der überwiegenden Mehrzahl der Fälle ist diese – deutlich gesagt – miserabel. Aus irgendeinem Grund zwingen sich viele Neulinge, ihre Füße auf völlig unnatürliche Art und Weise zu setzen und limitieren damit ihre Leistungen.

Warum genau man das tut, kann ich nicht erklären, obwohl ich anfangs die gleichen Schwierigkeiten hatte. Was falsch läuft, ist dafür umso offensichtlicher: Der Fuß wird mittig auf den Tritt gesetzt und anschließend auf dem Fußgewölbe oder dem Ballen gestanden. Möglicherweise hat man dadurch das Gefühl, viel Fuß auf die ungewohnt kleine Trittfläche zu bringen und so sicherer stehen zu können, logisch ist das aber nicht. Von Natur aus sind es nämlich unsere Zehen, die beim Gehen und Stehen die Kontrolle übernehmen. Diese können aktiv Kraft auf eine Fläche bringen und durch ihre Fähigkeit zur unabhängigen Bewegung ein etwaiges Ungleichgewicht ausgleichen. Bei jedem Schritt, den wir machen, übernimmt der Vorderfuß die Stabilisierungsarbeit. Warum sollte das beim Bouldern anders sein?

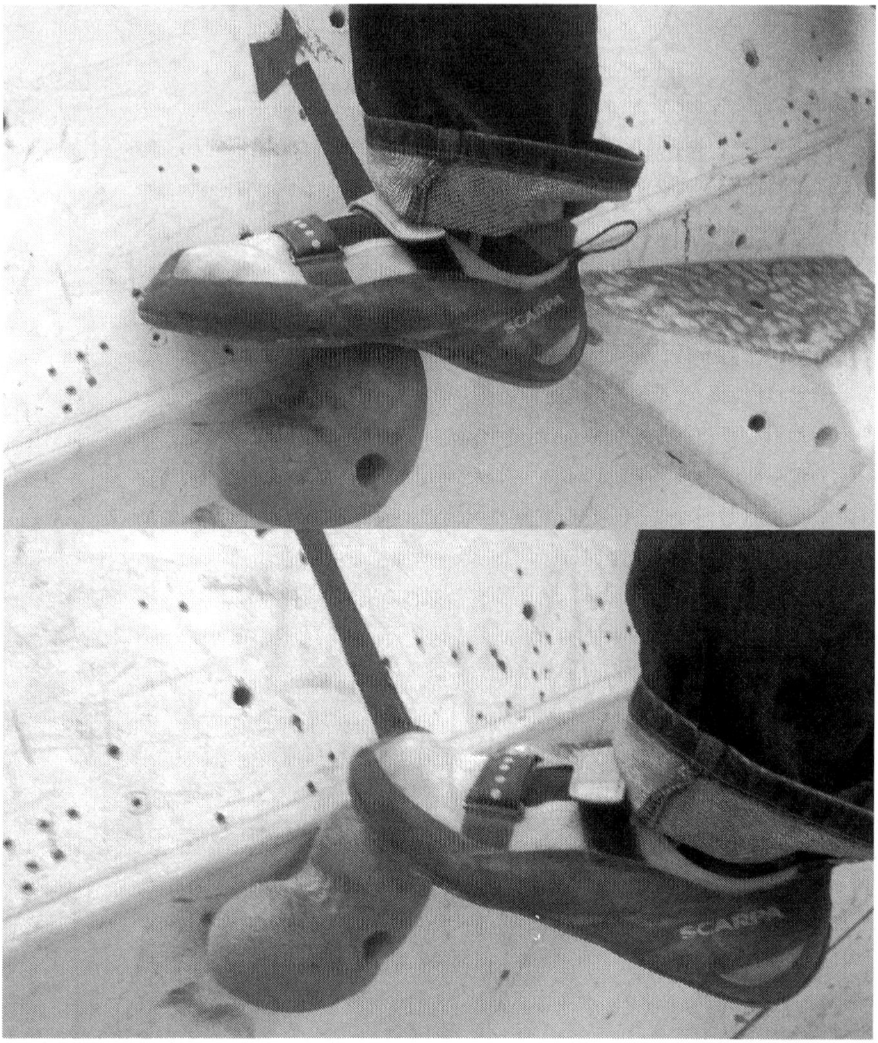

Auch auf großen Tritten bleibt der Mittelfuß tabu. Sicher steht man auf dem Vorderfuß, wie unten zu sehen ist.

Die Fußtechnik zu trainieren und die Füße bewusst zu setzen, ist generell eine der besten Investitionen, um auf Dauer eine gute Klettertechnik zu entwickeln. Das mag zugegebenermaßen nicht immer der angenehmste Weg sein, was auch daran liegt, dass wir es nicht gewohnt sind, über längere Zeit allein auf den Zehen zu stehen. Die dazu nötige Kraft lässt sich aber in kurzer Zeit aufbauen und ist in jedem Fall nötig. Spätestens, wenn die Tritte so klein werden, dass der Mittelfuß keinen Platz mehr findet, zahlt es sich aus, eine vernünftige Fußtechnik eingeschliffen zu haben. Früher oder später bleibt dem angehenden Felsakrobaten ansonsten nichts anderes mehr übrig, als erfolglos aus der Route zu fallen oder eben doch die Fußspitze einzusetzen.

Hat man von Anfang an arge Probleme damit, die Spannung im Vorderfuß aufrecht zu halten und steht deshalb auch auf größeren Tritten unsicher, sollte man es mit einem Kletterschuh in kleinerer Größe versuchen. Selbst bei fußfreundlichen Varianten ist der Schnitt dieser Treter darauf ausgelegt, die Kraft des Fußes im vorderen Bereich zu konzentrieren und diesen zu stabilisieren. Das klappt allerdings nur, wenn sie eng genug anliegen. Gerade wenn man am Anfang noch keine eigenen besitzt und deshalb Leihschuhe nutzt, bietet es sich an, ein Paar zu testen, das eine halbe oder ganze Nummer kleiner als das vorherige ist. Eventuell lösen sich die Probleme dadurch ganz von allein in Luft auf.

Trittarten und wie man sie nutzt

Auch wenn der vordere Bereich des Fußes generell am ehesten für einen sicheren Stand und optimale Bewegungsfreiheit sorgt, gibt es beim Treten durchaus Variationsspielraum. Der Fuß muss nicht immer exakt frontal auf den Tritt gebracht werden. Je nachdem, wie die Position des Körpers und Form des Trittes ist, kann genauso gut auch die vordere Außen- oder Innenseite belastet werden. Bei manchen Problemen ist das sogar die Norm. Ist man beispielsweise in einer vertikalen Route mit schlechten Griffen unterwegs, muss man gezwungenermaßen nah an der Wand bleiben, um nicht den Halt zu verlieren. Dann ist es wesentlich einfacher, den Fuß seitlich aufzusetzen, anstatt sich durch das frontale Antreten selbst von der Wand wegzuschieben. Der Unterschied zwischen einem frontal aufgesetzten oder seitlich weggedrehten Fuß mag zwar nur Zentimeter ausmachen, beim Bouldern kann das aber schon entscheidend sein.

Andererseits finden sich in der Natur wie auch in der Halle durchaus Trittformen, die für das Antreten mit der Spitze prädestiniert sind. Dazu zählen Löcher oder platte, abschüssige Flächen, die auf Reibung getreten werden müssen und frontal am besten belastet werden können. Im Gegensatz dazu sind beispielsweise schmale Bänder – auch Leisten genannt – perfekt für den Innen- oder Außenrist geeignet.

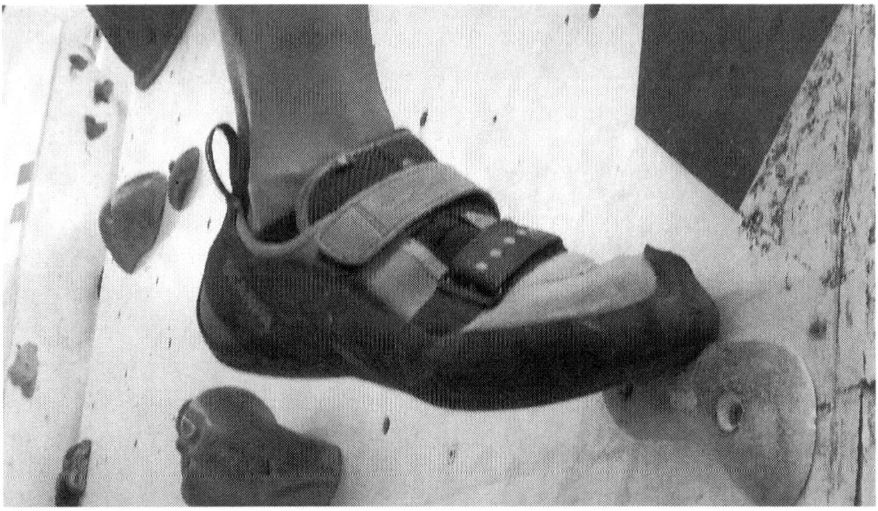

Leisten tritt man möglichst mit dem Innenrist an.

Unabhängig davon, mit welcher Trittart man es zu tun bekommt, ist es wichtig, diese optimal zu nutzen. Damit das klappt, sollte man sich schon vor dem Setzen des Fußes darüber im Klaren sein, wie die darauffolgende Bewegung aussehen könnte. Schließlich macht es einen Unterschied, ob man im Anschluss einfach nur weiter nach oben marschiert, die Füße tauschen oder seitlich an der Wand entlang klettern muss. Wird das berücksichtigt, sinkt das Risiko, dass man sich durch eine ungünstige Fußposition selbst behindert.

Herausforderung Reibungstritt

Während es technisch gesehen relativ einfach ist, auf Leisten und mehr oder minder großen Fels- oder Plastiknasen zu stehen, stellt das Antreten auf Reibung eine etwas speziellere Herausforderung dar. Im Unterschied zu Kanten und Nasen, bei denen sich der Sohlengummi um die Struktur legt, findet sich bei Reibungstritten wenig bis gar nichts, das sich in der Sohle verbeißen kann. Ist keine große Struktur vorhanden, bleibt nichts anderes übrig, als den Fuß an die platte Wand zu stellen. Damit der dort auch hält, sind drei Dinge nötig: die richtige Belastungsrichtung, ausreichend Reibungsfläche und genügend Anpressdruck. Je mehr Wandkontakt der Vorderfuß hat, desto besser. Steht man nur auf der Schuhspitze, steigt die Wahrscheinlichkeit, dass der Fuß bei Belastung wegrutscht. Typisch für das Reibungsklettern ist deshalb, dass der Tritt frontal angetreten und die Verse abgesenkt wird, um mehr Fußfläche aufstellen zu können. Gleichzeitig erhöht sich so die Kraft, mit der der Fuß gegen den Tritt presst.

Das reicht aber nicht immer aus. Schwieriger ist das Ganze, wenn sich die Reibungstritte an einer strukturarmen, liegenden Wand – in der Klettersprache nennt sich das Platte – befinden und nur sicher gestanden werden können, wenn der Winkel zwischen Körper und Trittfläche nicht zu spitz wird. Unser natürlicher Instinkt ist es allerdings, den Oberkörper nah an die Wand zu bringen. Folgt man diesem Gefühl, verändert sich die Belastungsrichtung ungünstig, was das Wegrutschen der Füße nach sich ziehen kann. Die Herausforderung für den Kletterer ist es, in dieser Situation den Körper so zu positionieren, dass die Kraft senkrecht auf den Tritt wirkt. Möglich wird das erst, wenn man den Drang, nah an der Wand zu bleiben, ignoriert und die Hüfte nach außen schiebt. Im Idealfall befinden sich die Fußsohlen dadurch fast parallel zum Tritt, während das Körpergewicht über die Beine nahezu im rechten Winkel auf die Fläche drückt. Den Rest erledigen dann die Hafteigenschaften des Sohlengummis in Verbindung mit der rauen Oberfläche der Wand. Erwähnenswert ist das übrigens auch deshalb, weil die Bewegung bei der Reibungskletterei ziemlich genau das Gegenteil von dem darstellt, was man ansonsten beim Klettern tun sollte. In den meisten Situationen gilt es eher, den Schwerpunkt nah an die Wand zu bringen, um Kraft zu sparen.

Reibungskletterei hat eine Menge mit Vertrauen zu tun, was es gerade für Anfänger zur Zitterpartie macht. An Platten fühlt es sich nicht immer so an, als würden die Füße tatsächlich halten. Sicherheit versucht man dann über die Griffe in der Hand zu finden. Besser wird es dadurch nicht, im Gegenteil. Je mehr man sich darum bemüht, die Füße zu entlasten, desto größer wird die Gefahr, dass sie abrutschen, weil der nötige Druck verloren geht. Diese Unsicherheit kann man allerdings mit Erfahrung überwinden. An die Reibungskletterei sollte man sich Stück für Stück herantasten. Dabei wird man immer wieder überrascht sein, wie wenig Trittfläche oder Struktur es tatsächlich braucht, damit der Schuh hält. Manchmal ist das nicht viel mehr als ein winziges Nichts.

Bei abschüssigen Reibungstritten muss die Hüfte nach hinten geschoben werden, was es erleichtert, den Schuh flächig aufzusetzen und für einen günstigeren Belastungswinkel sorgt.

Vorteile guter Fußarbeit

Sich von Anfang an eine gute Fußtechnik zu erarbeiten, hat nicht nur den Vorteil, dass man später keine angelernten Fehler ausbügeln muss, es bringt auch einen psychischen Bonus. Steht man auf Leisten, Platten und winzigen Nasen sicher, nimmt das einen ordentlichen Teil der Angst vor der Höhe. Wenn die Füße halten, ist ein Sturz nun einmal weniger wahrscheinlich. Man bleibt locker und kann leichter an die Leistungsgrenze gehen.

Sicher stehen zu können, bietet aber noch einen anderen immensen Pluspunkt: Es schont Arme und Finger, die bei guten Kletterern zumindest in der Vertikalen vor allem mit der Stabilisierung befasst sind, während das Körpergewicht von den Beinen getragen wird. Um herauszufinden, warum das so sein sollte, braucht man nur in den Spiegel zu schauen und seine Arme mit den Beinen zu vergleichen. Die Muskulatur am Unterkörper ist größer, stärker und deutlich ausdauernder. Diese Eigenschaften gilt es zu nutzen. So oft es beim Klettern und Bouldern möglich ist, wird also mit den Beinen geschoben und nicht mit den Armen gezogen.

Anfänger, besonders Männer, tendieren dazu, ihren Oberkörper mehr als nötig einzusetzen und mit den Armen, statt den Füßen zu klettern. In der Praxis sieht man dann hin und wieder, wie sich Neulinge an die Griffe hängen und einen Klimmzug machen, um die Füße schwungvoll und ohne Präzision auf den nächsten Tritt zu donnern, obwohl der durch hohes Antreten kraftsparender und vor allem sicher erreichbar gewesen wäre. In besonders einfachen Routen mag das funktionieren. Erfolgsversprechend ist es jedoch nur, wenn man noch an echten Henkeln unterwegs ist, an denen Klimmzüge keine übermäßige Schwierigkeit darstellen. Wer durch die Halle geht und sich Boulderprobleme für Fortgeschrittene ansieht, wird schnell einsehen, dass mit dem Oberarm allein später kein Blumentopf zu gewinnen ist. Bouldert man auf etwas höherem Niveau, heißt es deutlich häufiger: Fuß hoch und mit den Beinen arbeiten!

Dass Frauen am Anfang oftmals weniger Kraft haben, ist nach Meinung vieler Boulderer deshalb ein Vorteil. Was Männer sich mit purem Oberkörpereinsatz erkämpfen, lösen die Damen lieber über geschickte Bewegungen und entwickeln so in vielen Fällen die bessere Technik. Schön zu sehen ist das dann bei Routen, die Beweglichkeit und Gleichgewicht abfordern. Hier werden die Bizepsbomber problemlos von der agileren Konkurrenz abgehängt. Wo es nicht viel zum Greifen gibt, kann Kraft allein keine Lösung sein.

Es ist allerdings nicht so, dass man erst in kniffligeren Routen von sauberer Beinarbeit profitiert. Im Gegenteil – selbst wenn die Tritte noch groß genug sind, um bequem mit dem Mittelfuß gestanden zu werden, macht diese vieles leichter. Wird der Fuß mittig aufgesetzt, liegen Zehenspitzen und Ferse nah an der Wand, was den Bewegungsspielraum stark einschränkt. Versucht man nun beispielsweise, seitlich an der Wand entlang zu klettern, kann es knifflig werden. Um die Bewegung zu erleichtern, wäre es eigentlich nötig, den Fuß mitzudrehen, was aber nicht möglich ist, weil der Innenrist gegen die Wand stößt. Versucht man es dennoch, befindet sich das Standbein beim Erreichen des nächsten Griffs unter Spannung, die erst einmal aufgelöst werden will, bevor es weitergehen kann. Damit ist für gewöhnlich verbunden, dass man sich etwas stärker festhalten muss, weil die aufgebaute Energie in Schwung umgewandelt wird, sobald man den Fuß vom Tritt nimmt. Ist der zu groß, sorgt das für den unfreiwilligen Ausstieg aus der Route. Besser ist es also, von Anfang an mit dem Vorderfuß anzutreten, um die Zehen einsetzen und den vollen Bewegungsspielraum ausnutzen zu können. Abgesehen davon wird man beim Bouldern nicht immer Standmöglichkeiten für beide Füße haben und ist so eventuell gezwungen, sie auf dem gleichen Tritt zu positionieren oder das stehende Bein zu tauschen. Das ist natürlich wesentlich unproblematischer, wenn der vorhandene Platz nicht vollständig von einem Fuß in Beschlag genommen wird.

Zwei Übungen für eine bessere Fußtechnik

Was also tun, um dem Fehlerteufel keine Chance zu lassen? Die Antwort: Sich bewusst und konzentriert in der Route bewegen. Und das möglichst von der ersten Stunde an. Mithilfe zweier einfacher Übungen können Neulinge sich das bewusste Klettern selbst näherbringen.

Eine Möglichkeit, die Fußtechnik und den generellen Kletterstil zu verbessern, ist das lautlose Klettern. Dabei versucht man, eine Route kontrolliert und sauber durchzusteigen, ohne laute Geräusche zu verursachen – etwa durch einen unbeherrschten Tritt vor die Wand. Anfänger haben damit durchaus ihre Probleme, weil die Ruhe im Unterkörper fehlt. Ist eine Route schwer, wird gern mit schwungvollen Fußschlenkern nach dem Tritt geangelt, was leider nur bei den allergrößten Tritten klappt. Viel häufiger erwischt man die vermeintlich rettende Struktur nur knapp und landet kurz darauf wieder auf der Matte. Das bringt weder Erfolge noch ist es geräuscharm. Gut trainieren lässt sich leises Klettern an Routen, die etwas unter dem eigenen Leistungslimit liegen. Hier kann man sich die am Anfang noch nötige Zeit nehmen, um die Füße sauber zu setzen.

Eine andere Übung ist das Stop and Go-Klettern, auch wenn hier der Fokus eher darauf liegt, die Tritte richtig zu belasten und nicht darauf, sauber anzutreten – wobei das eine das andere natürlich ein Stück weit bedingt. Wer schlecht steht, kann die Qualität eines Tritts schließlich nicht voll ausnutzen. Die Idee hinter der Stop and Go-Methode ist es, im Grunde normal zu klettern, bei Griffwechseln aber nicht sofort zuzupacken, sondern die Hand kurz vorm nächsten Griff zu stoppen, einen Moment innezuhalten und dann erst zuzugreifen. Das hat zum einen den Vorteil, dass man den Körper vor dem Lösen der Hand optimal positionieren muss, um die gestoppte Position halten zu können, und sorgt zum anderen für einen gewissen Kraftzuwachs. Auch hier ist wichtig, dass man sich eine Route vornimmt, die man bereits relativ souverän klettern kann. Außerdem sollte man diese Übung zumindest anfangs nicht unbedingt im Überhang versuchen, weil dort Kraft eine größere Rolle spielt als in der Vertikalen.

Greifen will gelernt sein

Die Füße sind wichtig, das sollte mittlerweile klar sein. Ohne Oberkörper geht es aber auch nicht. Die Arme und Hände werden beim Bouldern vielseitig belastet. Es muss gehalten, gezogen und zum Teil auch gestützt werden, damit der Topgriff in Reichweite kommt. Die wichtigste Aufgabe der oberen Extremitäten ist es aber, uns in der Wand zu stabilisieren, damit die Füße ihren Job erledigen können. Natürlich ist es dafür hilfreich, zu wissen, wie man überhaupt effektiv greift. Dieses Thema wird auf den kommenden Seiten behandelt.

Grundvoraussetzung, um sich an einem Griff halten zu können, ist, dass man genügend Kraft auf das Plastik oder den Felsen bringen kann. Auch wenn es Ausnahmen gibt, gilt es deshalb im Normalfall, möglichst viel Hand auf die Struktur zu legen. Das gesamte erste Fingerglied ist besser als die Fingerspitze, vier Finger sind besser als zwei. Je größer die Auflagefläche ist, desto leichter fällt es für gewöhnlich, die von der Unterarmmuskulatur aufgebaute Kraft auf den Griff zu übertragen.

In den ersten Bouldern, die man sich vornimmt, wird das allerdings nicht das wichtigste Problem sein. Die Routen dürften kaum in Überhänge oder ins Dach gehen und überwiegend aus Henkeln bestehen, in denen man problemlos einen Großteil der Hand unterbringt. Das macht es zumindest theoretisch einfach, die Griffe zu halten. In der Praxis wird am Anfang trotzdem gern der Fehler gemacht, dass selbst die besten Griffe maximal zugeschraubt werden. Da hängt man an einem Stück Kunststoff, das ähnlich viel Platz bietet, wie die eigene Hosentasche, drückt die Hände aber zusammen, als ob es die kleinste Leiste wäre. Klar, die Unsicherheit sorgt dafür, dass man etwas fester zupackt, weil man nicht fallen will. Effizient ist das aber nicht.

Um diese „Technik“ nicht zur schlechten Angewohnheit werden zu lassen, kann man derart großgriffige Routen für Griffkraftexperimente nutzen. Dabei wird die Hand solange entspannt, bis der Griff zu entgleiten droht. Auf diesem Weg können Anfänger herausfinden, wie viel es tatsächlich braucht, damit die Hand sicheren Halt findet. Hat man dafür ein Gefühl entwickelt, klettert es sich deutlich kraftsparender, was trotz der Kürze vieler Routen auch beim Bouldern relevant ist. Letztlich ist es egal, wie weit der Weg vorher war, fehlt beim letzten Zug der nötige Strom, bleibt das Problem ungelöst. Sparsamkeit ist also Trumpf.

Der Henkel

Die wenigsten Probleme dürfte es beim Greifen von Henkeln oder Kellen geben. Der Griff wird einfach mit der Hand umfasst und Spannung aufgebaut. Die Finger imitieren die Form eines Hakens, der fest im Griff sitzt und sicheren Halt verschafft. Geheimtipps, die bei einem Henkel für noch besseren Halt sorgen, gibt es eigentlich nicht. Der Griff wird einfach so genommen, wie es sich bequem anfühlt und anschließend mit möglichst geringen Krafteinsatz gehalten. Hat man etwas Erfahrung gesammelt, sind Henkel willkommene Gelegenheiten, um sich an einen Arm zu hängen und frisches Blut in den anderen zu schütteln. Damit man sich auf diese Art erholen kann, braucht es natürlich viel Platz im Griff. Als Henkel werden deshalb gemeinhin Strukturen angesehen, in denen man alle Finger versenken kann.

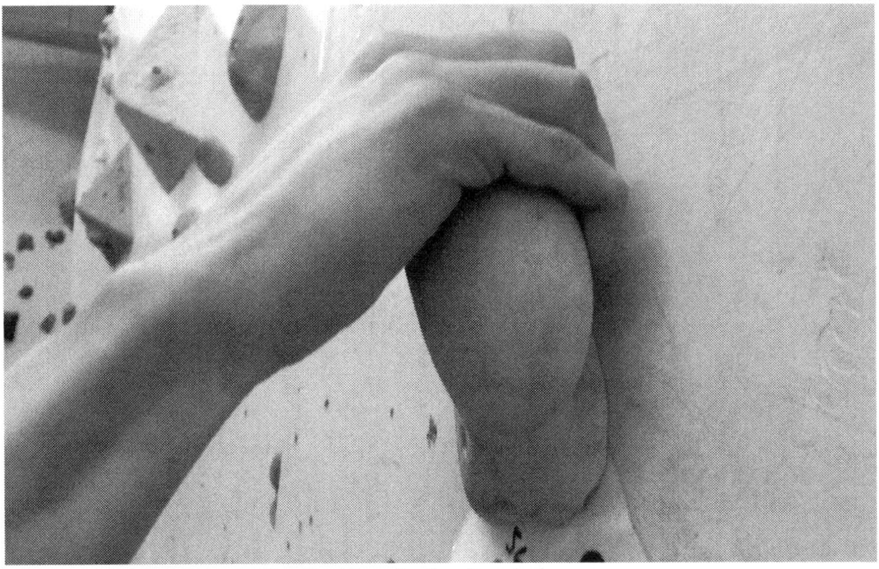

Bietet reichlich Platz für die Hand: der Henkel.

Leisten

Leisten sind im Vergleich zu Henkeln etwas undankbarer, da sie weniger Platz für die Finger bieten und dadurch etwas mehr Krafteinsatz fordern. Wie schwer es ist, eine Leiste zu belasten, hängt neben der Größe auch von der Neigung der Wand ab. Naturgemäß ist es etwas leichter, an einer geneigten Wand an einem kleinen Griff zu klettern als im Überhang. Gleichzeitig spielt die Beschaffenheit und die Neigung der Grifffläche selbst eine Rolle. Schließlich hält es sich besser, wenn man eine raue und horizontale oder in Richtung Wand geneigte Fläche greift als eine Leiste, die leicht abschüssig und noch dazu glatt ist.

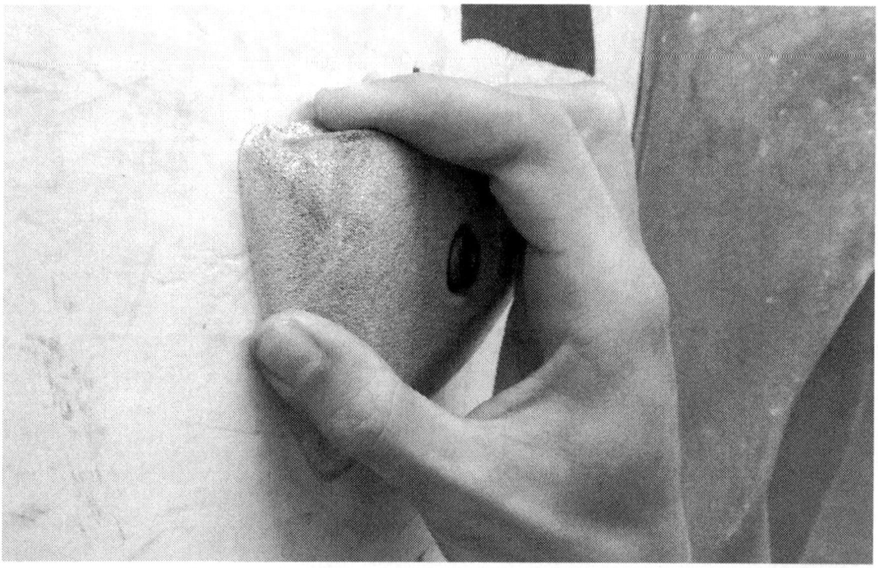

Leisten halten sich am besten, wenn die Kraft vertikal auf die Grifffläche wirkt.

In jedem Fall wird versucht, so viel Fingerfläche wie nur möglich auf den Griff zu bringen, um optimal Druck ausüben zu können. Gleichzeitig halten sich Leisten besser, wenn man den Körper in Richtung Wand schiebt und so bestmöglich dafür sorgt, dass die Belastungsrichtung senkrecht zur Grifffläche verläuft. Macht man das Gegenteil, bewegt den Körper also von der Wand weg, steigt das Risiko, den Halt zu verlieren. Deshalb gehört es zu den besonderen Herausforderungen der

Leistenkletterei, mögliche Griffe und Tritte schon vor dem Start auf dem Schirm zu haben. Die Möglichkeit, sich in der Route hängend nach hinten zu lehnen und nach Strukturen zu suchen, hat man eher selten.

Leisten sind aber auch aus einem anderen Grund eine schwierige Angelegenheit: Befindet man sich mit dem Körper unter einer Leiste, kann die bequem mit hängenden Fingern gehalten werden. Das ändert sich, wenn man sich nach oben bewegt. Je weiter man kommt, desto stärker müssen die Finger aufgestellt werden, was die Belastung für die passiven Strukturen, also Sehnen und Bänder, erhöht. Insbesondere Anfänger sollten Leisten deshalb mit Vorsicht genießen und nicht mit zu viel Ehrgeiz an die Sache herangehen. Bis Bänder und Sehnen den Anforderungen gewachsen sind, können durchaus ein paar Monate Training nötig sein, in denen man sich Stück für Stück an diese Griffform herantastet. Mit der Zeit reicht dann immer weniger Grifffläche aus, um sicheren Halt zu finden. In Extremfällen ist das kaum mehr als die Spitze des Fingernagels – derart miesen Mikroleisten wird man in einer Halle allerdings nie begegnen.

Noch ein Tipp: Um mehr Druck aufbringen zu können, ist es hilfreich, den Daumen beim Aufstellen über den Zeigefinger zu legen. Das erleichtert die Kletterei etwas, sodass noch kleinere Strukturen gehalten werden können. Allerdings steigt die Verletzungsgefahr dadurch noch weiter, weshalb Anfänger von dieser Technik nur sehr zurückhaltend Gebrauch machen sollten. Im Zweifelsfall hebt man sich den Boulder lieber für später auf und erspart sich so eine mehrwöchige Trainingspause.

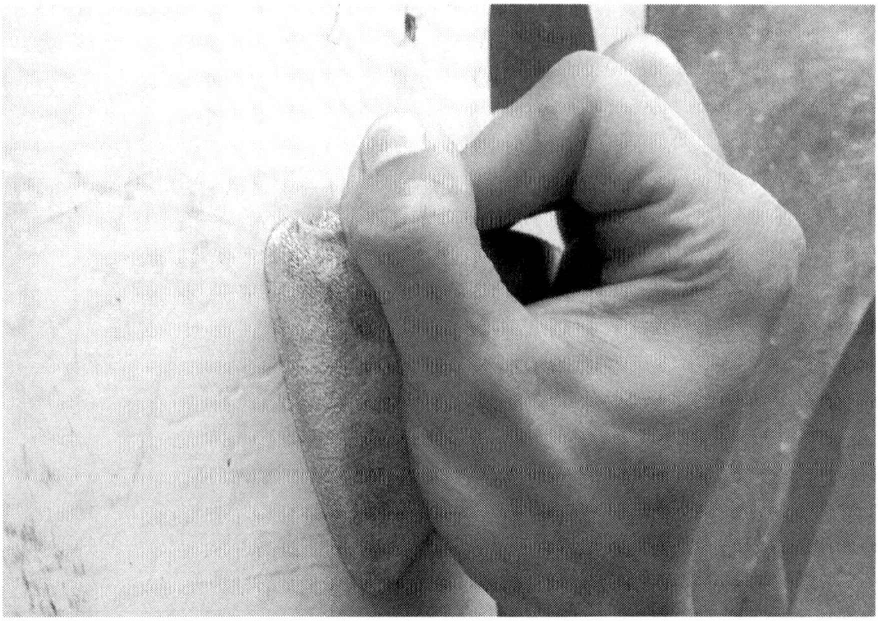

Mit aufgestellten Fingern wird es leichter, Kraft auf den Griff zu bringen. Gleichzeitig steigt aber die Verletzungsgefahr.

Sloper

„Sloper“ ist die im Bouldern gängige Bezeichnung für Aufleger, also Griffe, die keine Struktur haben, hinter der man seine Finger einsortieren könnte. Anfängern entlockt das regelmäßig die Frage, wie „zum Teufel“ man so etwas festhalten soll. Das Geheimnis hinter der Sloper-Kletterei heißt Reibung, von der man möglichst viel erzeugen muss, um sicheren Halt zu finden. Grundsätzlich ist es also eine gute Idee, die Hand so gut es geht vollflächig aufzulegen, was auch den deutschen Namen dieser Griffart erklärt. Außerdem ist es hilfreich, den Sloper am langen Arm zu halten, da so das Körpergewicht besser eingesetzt werden kann, um den Druck zu erhöhen. Die Kraft sollte dann nach Möglichkeit im rechten Winkel auf die Grifffläche wirken.

Schwierig wird es, wenn man den Aufleger am angezogenen Arm hält oder so hoch antritt, dass der Sloper nicht mehr über dem Kopf, sondern vor der Brust liegt. In solchen Situationen ist es notwendig, das Handgelenk zu versteifen und Druck über die Finger aufzubauen, die

Hand also aktiv anzupressen. Dadurch können Sloper trotz der großen Grifffläche zur kraftraubenden Angelegenheit werden, die noch dazu eine hohe Belastung für die Sehnen darstellt. Reicht die Kraft trotz aller Technik nicht aus, um Halt zu finden, lässt sich der Druck durch Aufstellen der Finger erhöhen, auch wenn man dann auf eine flächige Belastung des Griffs verzichtet. Der Sloper wird dabei gewissermaßen „auf Leiste" genommen. Nachteil ist, dass die Belastung der Fingersehnen dadurch weiter zunimmt.

Bei Slopern muss die Hand meist vollflächig aufgelegt und reichlich Druck aufgebaut werden.

Zangen

Nicht alles, was beim Bouldern nach einer Leiste oder nach einem Sloper aussieht, gehört unbedingt zu dieser Gattung. Oftmals erlauben es Griffe auch, auf Zange genommen zu werden. Was das bedeutet, verrät die Bezeichnung bereits. Der Daumen wird abgespreizt und arbeitet anschließend als Gegenspieler der restlichen vier Finger. Man imitiert also eine Zangenbewegung. Der Vorteil von Zangengriffen ist, dass man die gesamte Griffkraft der Hand einsetzen kann. Deshalb ist es durchaus eine gute Idee, zu schauen, ob sich schlechte Griffe durch einen gegengestellten Daumen nicht doch etwas besser halten lassen. Ist man in der Halle unterwegs, klappt das hin und wieder auch bei Slopern. Wurde beispielsweise eine Halbkugel an die Wand geschraubt, die sich allein auf Reibung schlecht halten lässt, kann die Zange die Lösung sein.

Die Betonung liegt hier klar auf „kann". Wie gut sich eine Zange packen lässt, hängt maßgeblich von ihrer Größe und Struktur ab. Griffe, die kaum umfasst werden können und abschüssig sind, lassen sich logischerweise schlechter in die Zange nehmen als solche, die bequem in die Hand passen und zusätzlich noch eine Kante aufweisen, die den Fingern mehr Angriffsfläche bietet. Zu klein darf der Griff allerdings auch nicht ausfallen, da es dann schwerer wird, ausreichend Druck aufzubauen. Hier heißt die Devise deshalb: Versuch macht klug.

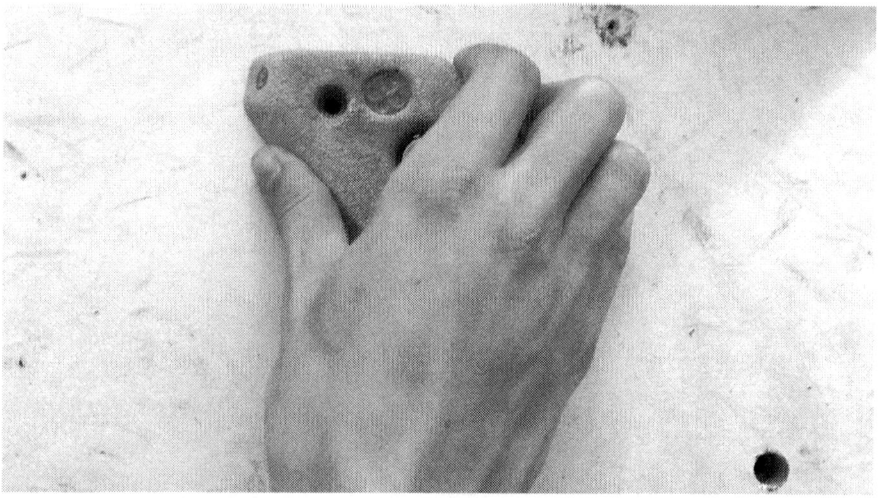

Zangengriffe erlauben es, den Daumen den restlichen Fingern gegenüberzustellen und so mehr Kraft aufzubringen.

Löcher

Löcher sind buchstäblich die kleinen Brüder von Henkeln. Statt der ganzen Hand lässt sich hier allerdings nur ein Teil der Finger in der Wand versenken. Angenehm ist das Ganze, wenn etwa drei Finger Platz finden, da sich die Griffe dann kaum noch von einem echten Henkel unterscheiden. Löcher können aber auch weniger komfortabel ausfallen, weshalb es manchmal ausreichen muss, zwei oder sogar nur einen

Finger unterzubringen. Kommt es ganz hart, ist das Loch nicht viel mehr als eine Mulde, in die gerade einmal ein Fingerglied passt. Wer sich hier festhalten will, braucht dann entsprechend Kraft und gesunde Sehnen – für Anfänger sind derart unschöne Griffe also eher nicht geeignet.

In Boulderhallen sind Löcher selten anzutreffen. Sollte man dennoch einmal in die Verlegenheit kommen, nur ein oder zwei Finger einsetzen zu können, müssen es die Stärksten sein. Bei vielen Boulderern sind das der Mittel- und der Ringfinger. Ist nur für einen von beiden Platz, kommt für gewöhnlich der mittlere zum Zug. Aus eigener Erfahrung kann ich aber sagen, dass das nicht so sein muss. Auch nach mehreren Jahren Training ist es beispielsweise bei mir immer noch so, dass Mittel- und Zeigefinger am ehesten der Belastung eines Fingerlochs gewachsen sind, während die Kombination aus Mittel- und Ringfinger allenfalls für ein unangenehmes Ziehen im Unterarm sorgt. Welches Paar im Einzelfall das bessere ist, kann man nur durch Probieren herausfinden. Die Kombi, die sich stärker anfühlt, ist es in der Regel auch.

Wenn Fingerlöcher in der Breite sehr eng sind, heißt das übrigens nicht zwangsläufig, dass sie nur mit einem Finger gehalten werden können und müssen. Gibt es nach oben hin etwas Spielraum, lassen sich die Finger bündeln. Dabei legt man den Mittelfinger über den Zeige- oder Ringfinger – je nachdem, welchen man bevorzugt. Diese Taktik funktioniert unter Umständen sogar mit drei Fingern, wobei der Ring- und Zeigefinger dann nebeneinander liegen und der Mittelfinger darüber abgelegt wird. Selbst wenn das nicht unbedingt bequem ist, wird die Belastung so besser auf die Sehnen in der Hand verteilt.

Eigentlich ist es eine Selbstverständlichkeit, aber auch hier noch ein kleiner Tipp: An Löcher sollte man sich ähnlich wie an Leisten langsam herantasten. Da die ganze Kraft hier von einem mehr oder minder kleinen Teil der Hand aufgebracht wird, ist die Belastung dort entsprechend größer und das Verletzungsrisiko höher. Damit der Bandapparat das gesund überstehen kann, sollte ihm einige Zeit zur Anpassung gegeben werden. Überambitionierte Versuche, einen Boulder mit Fingerlöchern zu toppen, können mit etwas Pech in einer längeren Verletzungspause münden. In diesem Sinne sollte man das dem Ausnahmekletterer Wolfgang Güllich zugeschriebene Zitat auch nicht ganz wörtlich nehmen: „Es ist schon richtig, dass beim Klettern an Einfingerlöchern der Finger extrem beansprucht wird. Allerdings werden die restlichen Finger vollkommen geschont."

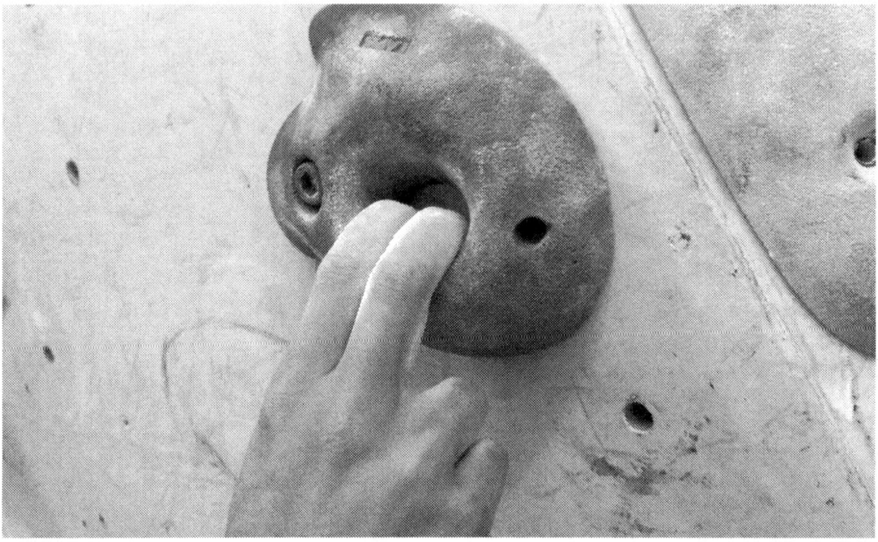

Fingerlöcher sind anspruchsvoll, weil es viel Kraft und gut trainierte Sehnen braucht, um sie zu halten.

Stützer

Stützer nehmen unter den Griffarten eine Sonderrolle ein, weil es sich nicht um Strukturen handelt, die beim Klettern auf Zug belastet werden. Hier gilt es stattdessen, sich aufzustützen und aus der Ausgangsposition herauszudrücken, um zum nächsten Griff zu kommen. Der Vorteil von Stützern liegt im wesentlich höheren Bewegungsradius. Bei der klassischen Zugbewegung an einem Griff oberhalb des Körpers endet der Bewegungsspielraum, wenn die haltende Hand Brusthöhe erreicht. Bei Seitzügen ist Schluss, wenn die ziehende Hand in etwa in einer Linie mit der Schulter des gleichen Armes liegt. Beim Stützen hingegen können im besten Fall beide Arme komplett gestreckt werden, was einen enormen Reichweitenvorteil mit sich bringt. De facto ist es so möglich, Griffe zu schnappen, die gut doppelt so weit entfernt sind wie solche, die man mit einer statischen Zugbewegung noch erreichen würde. Wer wirklich weite Züge machen muss, sollte zumindest probieren, ob ein Stützer als Lösung taugt.

Bei Stützern kann man die volle Armspannweite nutzen. Auch weit entfernte Griffe sind so in Reichweite.

Wie gut man stützen kann, hängt im Wesentlichen von zwei Faktoren ab: Zum einen ist es die Qualität der Grifffläche und zum anderen die Kraft der involvierten Muskulatur. Besonders gut geeignet sind Griffe, die genug Fläche besitzen, um die gesamte Hand inklusive Handballen aufzulegen. Sloper bieten dadurch in vielen Fällen die ideale Gelegenheit, um sich aufzustützen. Je kleiner und abschüssiger die Grifffläche ausfällt, desto schlechter wird es. Bei Griffen, die nur wenig Platz bieten, gilt es dann, einen möglichst großen Teil der Hand unterzubringen, wobei man die Handkante und den Ballen den Fingern vorziehen sollte. Es ist zwar durchaus möglich und manchmal auch nötig, über die Finger zu stützen, ohne eine gehörige Portion Fingerschmalz wird das aber zu einer besonderen Herausforderung, die umso schwerer wird, je mehr Körpergewicht weggedrückt werden muss.

Der zweite limitierende Faktor ist die Kraft des Trizeps und der Schultern. Da beim Stützen eben nicht wie sonst üblich an den Griffen gezogen wird, hat der ansonsten recht häufig gefragte Bizeps Sendepause. Stattdessen übernimmt sein für die Streckung verantwortlicher Gegenspieler auf der Rückseite des Arms. Fehlt dem die Kraft, um den Arm weit genug durchzudrücken, scheitert man zwangsläufig. Ebenso wichtig ist, dass die Schultermuskulatur die notwendige Stabilität erzeugt, um den Körper beim Stützen nah an der Wand zu halten. Andernfalls kippt man einfach nach hinten weg. Da weder das Stabilisieren noch das Herausdrücken zu den alltäglichen Aufgaben unseres Oberkörpers gehört, fallen Stützer Anfängern für gewöhnlich etwas schwerer. Mit der Zeit wird das natürlich besser, weil die Bewegung beim Bouldern häufiger anzutreffen ist. Von anfänglichen Misserfolgen sollte man sich also nicht entmutigen lassen. Das nötige Können kommt mit dem Training.

Eine besonders für das Bouldern typische Variante des Stützers ist der sogenannte „Mantle“, der beim Ausstieg auf einen Block gefragt ist. Dabei wird die Kante des Boulders gegriffen, die Arme mit Schwung angezogen und während der Aufwärtsbewegung in einen Stütz übergegangen. Wer sich darunter nicht unbedingt etwas vorstellen kann, braucht nur an einen Schwimmer denken, der über den Beckenrand aus dem Wasser klettert und sich dabei hochdrückt.

Weil das nun einmal eine kräftige Angelegenheit ist, kann es nicht schaden, beim Bouldertraining auch ein paar Liegestütze zu machen, die den Trizeps und die Schultern in Form bringen. Wer plant, später an Echtfelsblöcken zu bouldern, sollte zudem nach Möglichkeiten suchen, den Mantle zu üben. Selbst wenn er in der Halle nicht so oft auftaucht, gehört er in vielen Bouldergebieten einfach dazu.

Beim Ausstieg auf Blöcke ist oft der Mantle gefragt. Die Hände sind aufgestützt, das Bein hilft beim Herausdrücken.

Untergriffe

Untergriffe nehmen in der Liste der Griffarten ebenfalls eine Sonderrolle ein, da diese nicht über die Beschaffenheit des Griffs, sondern über dessen Orientierung an der Wand definiert werden. In der Halle sind Untergriffe für gewöhnlich Henkel oder Fingerlöcher, deren Öffnung nach unten gedreht wurde. Im Grunde kann aber alles als Untergriff belastet werden, was an der Unterseite eine zum Greifen geeignete Fläche bietet.

Die Schwierigkeit beim Klettern an dieser Griffart liegt darin, dass sie nur schlecht belastet werden kann, wenn man zu tief darunter steht. Wirklich angenehm halten lassen sich Untergriffe erst, wenn sie sich etwa auf Hüfthöhe befinden, wobei hier natürlich auch eine Rolle spielt, ob man eine Leiste oder einen Henkel von unten packt. Gehört ein Untergriff zu einer Route, muss man also zuerst einmal hoch antreten, bevor man sich auf dessen Qualitäten verlassen kann. Wichtig ist zudem, dass eine hohe Körperspannung aufgebaut wird und die Füße gut stehen, um die Hand durch Gegendruck in den Griff pressen zu können. Andernfalls läuft man bei schlechteren Griffen Gefahr, einfach aus der Wand zu kippen. Geht alles gut, bietet der Untergriff wie ein Stützer den Vorteil, dass sehr weite Züge machbar werden. Schließlich kann man sowohl den haltenden als auch den freien Arm komplett strecken.

Untergriffe können erst gut belastet werden, wenn man weit genug oben steht. Auf Hüfthöhe ist der Griff ideal.

Grundlegende Techniken 2: Bewegen an der Wand

In der Theorie zu wissen, wie man Griffe und Tritte am besten nimmt, ist beim Bouldern das eine. Das andere ist das Erlernen der richtigen Bewegungstechniken. Offensichtlich dürfte sein, dass man für viele Bewegungen Kraft braucht, die Kunst liegt aber darin, so wenig wie möglich davon einzusetzen. Man kann zwar auch ungelenk von Griff zu Griff und Tritt zu Tritt holpern und jedes Mal das gesamte Kraftpotenzial ausschöpfen, die Fortschritte werden sich so aber in Grenzen halten. Richtig ist es, sich stattdessen in kontrollierten Bewegungen von Haltepunkt zu Haltepunkt zu schieben.

Mein Freund, der Körperschwerpunkt

Schieben ist in diesem Fall ein gutes Stichwort, denn geschoben wird bei guten Boulderern eine Menge. Schaut man ihnen aufmerksam zu, kann man beobachten, wie der Körper von einem Fuß auf den anderen verlagert oder die Hüfte an der Wand entlang oder herausgeschoben wird. Sinn dieser Übung ist es, den Körperschwerpunkt vorteilhafter zu positionieren. Dabei handelt es sich um einen gedachten Punkt, um den sich das Gewicht des Körpers in alle Richtungen gleichmäßig verteilt. Dieser liegt bei Erwachsenen etwa auf Hüfthöhe und kann sich je nach Körperbau etwas nach oben oder unten verschieben. Weil Frauen beispielsweise eher schmalere Schultern, dafür aber breitere Hüften haben, liegt er tiefer als bei Männern. Bei Kindern befindet er sich wiederum höher, weil der Kopf in jungen Jahren noch einen größeren Anteil am gesamten Körpergewicht hat.

Beim Klettern und Bouldern spielt der Körperschwerpunkt eine zentrale Rolle, weil das Vermögen, ihn gut zu positionieren, darüber entscheidet, ob man viel oder wenig Kraft für eine Bewegung aufwenden muss. Im besten Fall wird er bei jedem Zug so umgelagert, dass das Körpergewicht die geplante Bewegung nicht behindert. Das klingt abstrakt, lässt sich mit einem Beispiel aber leicht erklären: Man stelle sich vor, man steht auf zwei Tritten und hält zwei Griffe, die jeweils auf gleicher Höhe liegen. Ein weiterer Tritt befindet sich zentral auf Hüfthöhe. Will man jetzt das rechte Bein auf diesen Tritt bringen, muss das Körpergewicht zuerst so weit nach links geschoben werden, dass der rechte Fuß entlastet wird, bis er nicht mehr für den stabilen Stand nötig ist. Erst dann kann er in einer kontrollierten Bewegung nach oben genommen werden. Verlagert man den Körperschwerpunkt nicht und löst den rechten Fuß dennoch, kippt der Körper einfach nach rechts weg. Hat man dann nicht genug Kraft in den Armen, um die Pendelbewegung abzuhalten, fällt man aus der Wand. In jedem Fall wird es aber schwerer und kraftaufwendiger, den Zieltritt zu erreichen.

Um den rechten Fuß hochsetzen zu können, entlastet man ihn zuerst, indem man den Körper nach links schiebt.

Natürlich ist das nur ein Beispiel von vielen möglichen Situationen, die dem Boulderer an der Wand begegnen. Welche Bewegungen im Einzelfall die richtigen sind, hängt von den Griffen, Tritten und der Neigung des Geländes ab. Am Anfang gehört das oben beschriebene Ausbalancieren des eigenen Körpers über einem Tritt aber zu den am häufigsten auftretenden Problemen.

Dies zu beherrschen, ist nicht nur deshalb enorm praktisch. Gelingt es, eine gute Position für den Körperschwerpunkt zu finden, wird es möglich, eine oder sogar beide Hände von der Wand zu lösen und den Armen eine kurze Pause zu gönnen. Wichtig sind gute Ruhepositionen zwar vor allem beim normalen Routenklettern, in längeren Bouldern können sie aber ebenfalls praktisch sein, um kurz frisches Blut in die Arme zu schütteln und nachzuchalken.

Schafft man es, sich gut auszubalancieren, können die Hände von den Griffen gelöst werden.

Obwohl das Verlagern des Körperschwerpunkts in unserer Natur liegt und beispielsweise beim Gehen essenziell ist, stellt es Anfänger vor eine nicht zu unterschätzende Herausforderung. Anders als bei Griffen und Tritten reicht das Wissen um die Technik allein nicht immer aus. Man muss erfühlen können, ob eine Bewegung den Körper in die richtige Position bringt. Dieses Körpergefühl ist bei den meisten Menschen eher schlecht ausgebildet, kann aber durch Training verbessert werden. Dafür sind keine speziellen Übungen nötig, da sich die Körperschwerpunktarbeit durch regelmäßiges Klettern erlernen lässt. Es schadet allerdings auch nicht, nach dem Bouldertraining der Slackline einen Besuch abzustatten und hier am Gleichgewicht zu arbeiten. Wie wesentlich ein gutes Körpergefühl ist, merkt man übrigens, wenn man sich Boulderneulinge anschaut, die Kampfsport betreiben oder in ihrer Freizeit Skateboard fahren. Manchmal kann man dann nur staunen, wie schnell und selbstverständlich hier Probleme gemeistert werden, für die man sich als Ungeübter das nötige Können über Monate erarbeiten musste.

Übungen für das gute Körpergefühl

Wer zusätzlich zum normalen Projektieren von schweren Routen etwas für das Gleichgewicht tun will, muss nicht unbedingt eine weitere Sportart beginnen. Eine Möglichkeit, ein besseres Körpergefühl zu entwickeln, ist neben dem Balancieren auf der Slackline das schon beim Thema Fußtechnik erwähnte Stop and Go-Klettern. Der Schlüssel zum Erfolg liegt hier mehr als beim normalen Bouldern darin, eine möglichst kraftsparende Position zu finden, in der man die greifende Hand problemlos vor dem nächsten Griff abstoppen kann. Möglich ist das natürlich nur, wenn die Fuß- und die Körperschwerpunktarbeit sitzt. Als Alternative kann man auch bereits abgehakte Boulder wiederholen und versuchen, sie schön zu klettern. Dabei schleifen sich Bewegungsabläufe ein und fallen nach und nach leichter, was hilft, wenn man in einem anderen Boulder mit ähnlich gestrickten Zügen konfrontiert wird. Ein großes Bewegungsrepertoire zu haben, ist immer eine gute Sache.

Sind die Hände einmal abgewetzt und die Arme leer, muss das Balance-Training nicht zwingend aufhören. Eine unkomplizierte und wenig anstrengende Übung lässt sich mit drei großen und flachen Steinen realisieren. Diese legt man in einem Dreieck aus, stellt sich auf zwei davon, hebt den dritten auf und legt ihn so weit wie möglich vor sich ab, ohne sich dabei mit den Händen abzustützen. Anschließend wird ein Fuß auf den gerade abgelegten Stein weitergesetzt, der frei gewordene aufgehoben und ebenfalls neu gelegt, sodass man Stück für Stück vorwärts laufen kann. Den Boden dürfen die Füße dabei nie berühren. Das erfordert Balance und hilft, den eigenen Bewegungsradius zu verbessern.

Arsch an die Wand!

Auch wenn das Körpergefühl noch nicht das Beste ist, gibt es eine Regel, die fast immer gilt und deshalb tief im Kopf jedes Boulderers verankert sein sollte: Arsch an die Wand! Sieht man vom Reibungsklettern ab, bei dem, wie schon erwähnt, genau das Gegenteil zum Erfolg führt, fallen damit die meisten Probleme um einiges leichter. Das hat drei Gründe: Zum einen sorgt man mit der nach vorn geschobenen Hüfte dafür, dass der Körperschwerpunkt (ja, da ist er schon wieder) über die Füße kommt und das Gewicht eher von den Beinen als von den Armen getragen wird. Zum anderen baut man eine gewisse Grundspannung im Körper auf. Diese braucht es beispielsweise, um unerwartete und unerwünschte Schwungbewegungen unter Kontrolle zu bringen. Fehlt die Spannung, tropft man häufiger ab. Nicht ganz unwesentlich ist außerdem, dass sich besonders kleine oder abschüssige Griffe wie Leisten und Sloper am besten halten lassen, wenn man sie so gut wie möglich senkrecht zur Grifffläche belastet. In schwierigen Fällen muss dann der gesamte Körper auf Kuschelkurs mit der Wand gehen.

Links hängt die Hauptlast an den Armen, was viel Kraft verbraucht. Ist die Hüfte wie im rechten Bild nah an der Wand, können die Füße ihren Beitrag leisten und einen Großteil des Körpergewichts tragen.

In vielen Bouldern, die in den Hallen für Anfänger geschraubt werden, ist es kein allzu großes Problem, mit der Körpermitte nah an der Wand zu bleiben. Die Griffabstände sind oft so gering, dass es gar nicht nötig ist, aktiv mit der Hüfte zu arbeiten. Man streckt sich einfach bis zu einem Griff, der möglichst weit oben hängt, und nutzt so die eigene Länge maximal aus. Die logische Konsequenz ist, dass die Hüfte durch die Streckung nah an die Wand kommt. Da sich diese „Technik“ eher auf die Hände als auf die Füße konzentriert, ist sie jedoch nur in sehr einfachen Routen effektiv. Sie hat zudem den Nachteil, dass man nicht lernt, wie man den Körper an die Wand bringt, wenn Griffe und Tritte einmal eng beieinanderliegen und die Auswahl an alternativen Haltepunkten gering ist.

Das sorgt dafür, dass viele Einsteiger bei der ersten Konfrontation mit einem eben solchen Problem nicht wissen, wo sie mit ihrem Körper hin sollen. Oft lässt man dann das Gesäß nach hinten heraushängen und muss viel mehr Fingerkraft einsetzen, nur um sich in der Route zu halten. Läuft es schlecht, fehlt dann der nötige Bums, um zum nächsten Griff und damit in eine bessere Position zu kommen, was die Route zu einem scheinbar unlösbaren Problem macht. Tatsächlich braucht es in solchen Situationen aber nur zwei Techniken, mit denen man die Hüfte auch in eng geschraubten Routen an die Wand bekommt: das „Froschen“ und das Eindrehen.

Froschen: Klettertechnik für Bewegliche

Der Frosch ist die Lösung für viele Probleme, bei denen man den Körper frontal zur Wand bewegt und hoch antreten muss, Hände und Füße also relativ nah beieinander platziert werden. Derart gefordert, schiebt man die Hüfte erst einmal so weit nach hinten, wie es die Hände zulassen. Dadurch erhält man mehr Bewegungsspielraum beim Weitersetzen des Fußes. Ist der auf dem Zieltritt, schiebt man den Körper über den Tritt und bringt die Hüfte nah an die Wand. Möglich wird das, indem man die Beine spreizt und das linke Knie nach links oder das rechte nach rechts schiebt. Am Ende der Bewegung liegt die Hauptlast wieder auf einem oder beiden Füßen. Ihren Namen hat diese Technik erhalten, weil die Endposition beim Aufhocken auf zwei nebeneinanderliegenden Tritten aufgrund der seitlich weggespreizten Knie an einen Frosch erinnert.

Eine gute Beweglichkeit der Hüfte ist hier Trumpf. Je weiter man die Beine auseinander bekommt, desto näher liegt der Körper anschließend an der Wand, wodurch die Stabilität der Froschposition erhöht wird. Besonders bewegliche Zeitgenossen können so die Last nahezu komplett auf die Füße bringen und müssen mit den Händen nur noch das Wegkippen nach hinten verhindern.

Durch das Abspreizen der Beine kommt der Körper nah an die Wand und das Gewicht liegt auf den Füßen. Für Hüftsteife ist der Frosch allerdings nichts.

Eine typische Situation, in der man in die Froschposition gezwungen wird, sind neben dem oben beschriebenen hohen Antreten frontale Sitzstarts. Um diese souverän zu lösen, ist es oftmals nötig, das Gewicht über die Füße zu bringen, bevor man zum nächsten Griff weiterziehen kann. Diese Position ist auf dem rechten Bild im vorangegangenen

Kapitel zu sehen. Genau genommen ist es bei frontalen Sitzstarts sogar noch wichtiger, froschen zu können, als beim hohen Antreten. Muss der Fuß weit nach oben gebracht werden, reicht es häufig schon aus, auf nur einem Bein aufzuhocken. Am bereits beschriebenen Bewegungsablauf (Fuß hoch, Knie seitlich wegschieben, Körper über dem Tritt ausbalancieren) ändert das allerdings nichts.

Eindrehen, die Alternative für Hüftsteife

Die Alternative zum Froschen ist das Eindrehen des Körpers, das zu den absoluten Standards beim Klettern und Bouldern gehört und viele Routen wesentlich erleichtert. Die Grundidee dieser Technik ist, den Körper nicht frontal, sondern seitlich zur Route zu positionieren. Dadurch kommt die Hüfte automatisch näher an die Wand. Das birgt zum einen den Vorteil, dass Beweglichkeit keine sonderlich große Rolle spielt, da die Beine nicht gespreizt werden müssen, und zum anderen, dass auch weite Züge mit weniger Krafteinsatz absolviert werden können. Umgesetzt wird das Ganze, indem man das in Drehrichtung liegende Bein auf den Tritt und die Hand der anderen Körperseite auf den Griff legt. Dreht man sich nach links ein, steht also der linke Fuß auf dem Tritt, während die rechte Hand die Haltearbeit übernimmt und die linke weitergreifen kann. Beim Eindrehen nach rechts ist es genau andersherum. Diese Position macht es besonders einfach, sich anschließend aus dem Bein in die gewünschte Richtung zu drücken, während die Arme lediglich dazu genutzt werden, den Körper in der Wand zu halten.

In welche Richtung man sich bewegt, hängt davon ab, mit welcher Hand man weitergreifen muss. Ist es die linke, dreht man nach links ein, geht es rechts weiter, erfolgt die Drehung in eben diese Richtung. Das freie Bein braucht dabei übrigens nicht unbedingt einen Tritt, kann aber zur Stabilisierung eingesetzt werden, indem man es ausgestreckt gegen die Wand legt.

Beim Eindrehen wird der Körper seitlich positioniert. In diesem Fall hält die rechte Hand den Griff, während links weiterzieht. Das linke Bein steht auf dem Tritt, rechts liegt stabilisierend an der Wand und baut Gegendruck auf.

Die Mischform: Hinterscheren

Liegen Griff und Tritt auf der gleichen Körperseite, der Zielgriff aber auf der anderen, bietet sich das Eindrehen normalerweise als optimale Lösung an, wobei dann aber zuerst einmal ein Fußwechsel nötig wäre. Schließlich sollte uns die rechte Hand in Kombination mit dem linken Fuß oder umgekehrt in der Wand halten. Manchmal kann es jedoch vorkommen, dass der Tausch des Standbeins durch eine Kombination aus schlechten Griffen und winzigen Tritten verhindert wird. Will man in solchen Situationen kein Risiko eingehen oder aus Gründen der Kraftersparnis auf die zusätzliche Bewegung verzichten, versucht man es am besten mit einer Mischung aus Froschen und Eindrehen. Dabei wird der Körper zuerst auf den Tritt aufgehockt und anschließend das freie Bein hinter dem Standbein durchgekreuzt. Diese als Hinterscheren bezeichnete Bewegung sorgt dafür, dass der Körper trotz der ungünstigen Ausgangsposition nah an die Wand kommt, und hilft, ein stabiles Gleichgewicht herzustellen. Im Idealfall legt sich das hinterscherte Bein zusätzlich gegen die Wand, sorgt für Gegendruck und verhindert so, dass man aus der Route herauspendelt.

Die selbe Situation wie im vorherigen Bild, nur mit hinterschertem Bein. Hier steht das rechte auf dem Tritt, das linke wird unter dem Körper durchgekreuzt und gegen die Wand gelegt.

Die Drei-Punkt-Regel

Mit eben dieser Bewegung erfüllt man einen weiteren wichtigen Aspekt guter Klettertechnik: Die sogenannte Drei-Punkt-Regel. Diese besagt, dass möglichst immer drei Punkte mit der Wand Kontakt haben sollten, damit die Position des Körpers stabil ist. Im oben genannten Beispiel des Hinterscherens wären die auf dem Griff liegende Hand und der auf dem

Tritt stehende Fuß Punkt #1 und #2, während das gekreuzte und gegen die Wand gelegte Bein den dritten Punkt liefert.

Sinn der Regel ist es, unerwünschte Pendelbewegungen zu vermeiden. Diese treten vor allem dann auf, wenn der Körper nur noch mit einer Hand und einem Fuß Wandkontakt hat. Dabei kann es passieren, dass man das Gleichgewicht verliert und selbst an vermeintlich sicheren Tritten und Griffen aus der Wand kippt. Weil es so aussieht, als würde der Kletterer dabei an Scharnieren hängen und ähnlich einer Tür aufschwingen, wird dieses Problem als „Offene Tür" bezeichnet. Das wirksamste Gegenmittel ist es, den freien Arm oder das freie Bein als Stopper zu verwenden. Die Pendelbewegung wird dann durch Gegendruck verhindert. Das funktioniert natürlich auch, wenn gerade kein freier Griff oder Tritt in erreichbarer Nähe ist, da der Druck genauso gut an der glatten Wand aufgebaut werden kann. Als Alternative bleibt nur die Suche nach einem weiteren Punkt, an dem sich festgehalten werden kann.

Besonders hoch ist die Gefahr der Offenen Tür übrigens, wenn sich Griff und Tritt auf der gleichen Seite des Körpers befinden und die Wand senkrecht oder leicht überhängend ist. Liegt der Griff weiter außen als der Tritt, wird es schwierig, ein stabiles Gleichgewicht aufzubauen. Gelingt es dann nicht, den Körper durch Gegendruck zu stabilisieren, kann auch die kleinste Bewegung den Abschied aus der Route bedeuten.

Auch wenn es für Anfänger in den meisten Fällen empfehlenswert ist, sich an die Drei-Punkt-Regel zu halten, soll nicht unerwähnt bleiben, dass sie heute nicht mehr das Nonplusultra darstellt. In höheren Schwierigkeitsgraden kann es durchaus vorkommen, dass Züge mit nur zwei, einem oder sogar ganz ohne Kontaktpunkt zur Wand bewältigt werden müssen. Bei Letzterem handelt es sich um Sprünge, die im Gegensatz zur Drei-Punkt-Regel nicht zum Repertoire der klassischen Kletterei gehört haben. Dass diese heute nichts Ungewöhnliches mehr sind, zählt zu den Verdiensten der Boulderpioniere, die etwas Dynamik ins Spiel brachten, um schwerere Probleme bewältigen zu können. In den Jahren davor galt die Regel allerdings als unverletzliches Prinzip. Begründen lässt sich das damit, dass neben der Stabilität auch die bessere Gewichtsverteilung und die höhere Chance, Griff- oder

Trittausbrüche ohne Sturz zu überstehen, als Argumente für die Drei-Punkt-Regel ins Feld geführt werden können. An den Plastikgriffen in der Halle, die keinerlei Witterung ausgesetzt sind, spielt der letzte Punkt natürlich so gut wie keine Rolle mehr.

Diese Position ist dank des außen liegenden Griffs geradezu eine Einladung an die Offene Tür. Verhindert wird das Herauspendeln nur durch das durchgekreuzte und gegen die Wand gelegte linke Bein.

Der lange Arm

Ein anderes Prinzip guter Kletterei hat sich bis heute durchgesetzt und besitzt auch beim Bouldern seine Gültigkeit: Der lange Arm. Diese Regel besagt schlicht und ergreifend, dass es kraftsparender ist, am ausgestreckten Arm zu klettern. Anfänger tendieren derweil dazu, genau das Gegenteil zu tun und die Arme anzuwinkeln, selbst wenn das eigentlich nicht nötig wäre. So kommt es dann auch, dass man immer wieder Neulinge sieht, die sich mit beiden Armen in Richtung Wand ziehen, obwohl sie bestens stehen und durchaus locker lassen könnten. Der Nachteil ist offensichtlich: Wer permanent den Arm anwinkelt – sprich anspannt – pumpt die Oberarmmuskulatur ohne Not aus und hat möglicherweise im entscheidenden Moment nicht mehr den Strom, um einen wirklich kräftigen Zug hinter sich zu bringen. Lässt man den Arm hingegen gestreckt, können die passiven Strukturen, also Sehnen, Bänder und Knochen, einen guten Teil der Last übernehmen, während die Muskeln wertvolle Körner sparen.

Dass der lange Arm tatsächlich kraftsparender ist, kann ein einfaches Experiment belegen: Man hängt sich im ersten Durchgang mit angewinkelten Armen an eine Klimmzugstange und versucht, diese Position so lange wie möglich zu halten, während jemand die Zeit stoppt. Anschließend wiederholt man den Versuch an gestreckten Armen hängend. Obwohl die Arme bereits vorbelastet sind, wird man die vorhergehende Zeit überbieten – vermutlich sogar ohne große Probleme. Das alles soll natürlich nicht heißen, dass die Arme immer gestreckt sein müssen. Wichtig ist aber, sie nur dann anzuziehen, wenn es wirklich notwendig ist, um den nächsten Zug ausführen zu können.

Obwohl diese beim Bouldern eine eher untergeordnete Rolle spielt, wirkt sich der lange Arm auch positiv auf die Ausdauer aus. Hin und wieder kommt es vor, dass Boulderprobleme nicht nur aus den typischen fünf oder sechs Zügen bestehen, sodass beim Durchstieg auch eine gute Kondition gefragt ist. Dann wird es wichtig, mit den Kräften zu haushalten. Gelingt das nicht gut genug, drohen die Arme zuzulaufen und sich zu verhärten. Passiert das, lassen sich die Griffe nur noch schlecht halten, was selbst Boulder zur Willensfrage macht, die ansonsten locker von der Hand gehen.

Die Ursache für diesen auch als Pump bekannten Effekt ist in der Sauerstoffversorgung und der Energiebereitstellung im Muskel zu suchen. Fehlt Sauerstoff, muss der Körper verstärkt auf den anaeroben Stoffwechsel umstellen, dessen Zwischenprodukt Laktat ist. Kann dieser Stoff vom Körper nicht schnell genug abgebaut werden, wirkt sich das durch die Verhärtung der Arme auf die Leistung aus. Harte Boulder wegzuziehen, kann man dann erst einmal vergessen. Die Halbwertzeit von Laktat im Blut beträgt etwa 20 Minuten. Bevor die Arme wieder locker werden, kann also einige Zeit vergehen. Ergo ist es besser, den Sauerstoffbedarf von vornherein gering zu halten, indem man unnötige Muskelkontraktionen vermeidet, sodass es gar nicht erst zum Pump kommt.

Schwungvoll zum Ziel: Dynamik

Egal wie gut man am langen Arm ausharren kann, irgendwann ist auch die beste Position am besten denkbaren Griff so anstrengend, dass man loslassen muss. Je schlechter Griffe und Tritte werden, desto schneller ist dieser Punkt erreicht. Um schwerer bouldern zu können, müssen wir unsere Energiereserven also noch effizienter nutzen. Der Schlüssel dazu ist das dynamische Klettern, bei dem man Schwung aufnimmt und den Kraftaufwand der Muskulatur so etwas weiter senkt. Möglich wird das, weil die Belastungsspitzen wesentlich kürzer ausfallen als beim statischen Klettern.

Wer es nicht glaubt, kann sich spaßeshalber einen langen Einzelzug (vorzugsweise im Überhang) an der eigenen Leistungsgrenze suchen und ihn einmal mit und einmal ohne Schwung absolvieren. Der zweite Durchgang wird wesentlich stärker an den Kräften zehren und würde bei einem kompletten Durchstiegsversuch eventuell dafür sorgen, dass die Reserven zur Neige gehen, bevor man den Topgriff erreicht. Genügt die Kraft nicht einmal für den Einzelzug, bricht irgendwann im Laufe der Bewegung die Körperspannung ein, was für gewöhnlich einen Sturz nach sich zieht. Um die eigenen Erfolgschancen zu verbessern, sollten deshalb auch Anfänger dynamische Bewegungen in ihr Technikrepertoire aufnehmen. Getreu dem Motto: Früh übt sich, wer ein Meister werden will. Vorteile hat das unabhängig vom Leistungsniveau. Leichte Routen werden leichter und schwere überhaupt erst machbar. Ab einem gewissen Punkt geht es ohne den richtigen Schwung ohnehin nicht mehr.

Wie man den aufbaut, ist leicht erklärt: Zuerst muss der Körper in eine stabile Position gebracht werden, bei der die Füße möglichst sicher stehen sollten. Darauf folgend leitet man die Bewegung ein, indem man sich entgegengesetzt zur geplanten Bewegungsrichtung zurückkippen lässt und so leichte Spannung aufbaut, um sich anschließend mit den Beinen in Richtung Zielgriff zu stoßen. Die Hände sorgen derweil dafür, dass die Bewegung nah an der Wand ausgeführt wird. Etwa auf halbem Weg, wenn die maximale Geschwindigkeit aufgebaut wurde, verlässt die Hand ihren bisherigen Griff – sofern sie überhaupt einen hatte – und wird in Richtung Ziel gestreckt, um am höchsten Punkt der Bewegung zugreifen zu können.

In der Theorie klingt das natürlich einfach, erfordert aber gerade beim Zupacken eine gute Hand-Augen-Koordination. Noch dazu ist es wichtig, in der Lage zu sein, den benötigten Schwung richtig einzuschätzen. Reicht er nicht aus, verfehlt man das Ziel und fällt zurück, eventuell sogar aus der Route. Schießt man weit darüber hinaus, ist das nicht unbedingt besser. Die den Zielgriff haltende Hand muss dann den zwangsläufig entstehenden Rückschwung abfangen können, ohne dabei abzurutschen. Ideal ist es deshalb, wenn der Totpunkt, also der Umkehrpunkt der Bewegung, kurz über dem anvisierten Griff liegt. So hat man genug Zeit, um richtig zuzugreifen, ohne anschließend viel Schwung ausgleichen zu müssen. Wenn es von der Reichweite her nicht nötig ist, sollten die Füße während der ganzen Zeit auf den Tritten bleiben, da echte Sprünge schwerer abzuhalten sind. Kommt man nicht mehr daran vorbei, lösen sie sich erst, wenn die Hände bereits auf dem Weg zum Ziel sind.

Wichtig bei dynamischen Zügen ist nicht nur das Körperliche, sondern auch das, was sich im Kopf abspielt. Bevor man die Bewegung tatsächlich ausführt, sollte man sie vor dem inneren Auge visualisiert haben. Dabei gibt es natürlich keine Misserfolge. Wer von vornherein davon ausgeht, den Dyno nicht zu schaffen, wird wohl auch dann scheitern, wenn die Hand auf dem anvisierten Griff landet. Vertrauen in das eigene Können spielt also eine zentrale Rolle. Um dieses aufzubauen, muss man zuerst einmal herausfinden, was den eigenen Fähigkeiten entsprechend möglich ist. Am komfortabelsten ist das, wenn man mit Zügen beginnt, bei denen nur eine Hand dynamisch weitergezogen wird. Am grundsätzlichen Ablauf ändert sich dann nichts. Anfangs wird also mit einer Pendelbewegung Schwung aufgebaut, dann stößt man sich mit den Beinen in Richtung Zielgriff und löst währenddessen die Hand. Vorteil bei einarmigen Dynos ist, dass die zweite Hand die Bewegung steuern kann und so hilft, den Körper nah an der Wand zu halten. Bei Doppeldynos, also Zügen, die das Lösen beider Hände erfordern, ist das schwieriger. Gerade am Anfang schieben viele sich instinktiv von der Wand weg, um nicht dagegen zu knallen. Dadurch springt man nach hinten, statt nach oben und hat deutlich schlechtere Chancen, den Zielgriff zu erreichen und zu halten.

Eine besondere Herausforderung sind die vor allem durchs Wettkampfbouldern populär gewordenen Run & Jump-Probleme. Was nach Computerspiel klingt, fühlt sich manchmal tatsächlich ein wenig nach Tomb Raider an. Bei Run & Jumps besteht die Herausforderung darin, zumindest einen Teil der Route ohne Griffe zu absolvieren. Das kann zum einen bedeuten, dass die Startgriffe auf einer Höhe angebracht sind, die man nur erreicht, wenn man an- und einen oder zwei Tritte hochläuft, bevor man etwas zu fassen bekommt. Zum anderen sind Traversen üblich, bei denen zwar Startgriffe vorhanden sind, die nächsten Meter aber nur aus Tritten bestehen. Dann kann man versuchen, diesen Teil durchzubalancieren oder dem Vorbild Lara Crofts folgend an der Wand entlangzurennen. So anspruchsvoll das sein mag, oft ist letzteres die bessere Lösung.

Egal, mit welcher Art von Run & Jump-Bouldern man es zu tun bekommt, ohne eine gute Koordination geht hier nichts. Wichtig ist jedoch auch, zumindest eine Ahnung zu haben, was man tut. Einer der größten Fehler ist beispielsweise, sich zu sehr auf die Hände zu konzentrieren. Bevor die auf einem Griff platziert werden können, muss man zuerst einmal den An- oder Durchlaufteil hinter sich bringen, was präzise Fußarbeit erfordert. Wandert der Fuß am Tritt vorbei, hat sich der Versuch meist auch schon erledigt. Beim Anlaufen schaut man deshalb erst dann in Richtung Griff, wenn sicher ist, dass die Füße ihr Ziel treffen. Vorher bleibt der Blick auf die Tritte fixiert. Beherzigt man diese Regel, können selbst Ungeübte einfache Run & Jumps knacken.

Sprünge gehören zu den anspruchsvollsten Varianten des dynamischen Kletterns. Hier braucht es eine gute Koordination.

Unabhängig davon, welche Art von Dyno gefragt ist, gilt eines immer: Die Bewegung sauber zu koordinieren und zu timen, ist letztlich eine Frage des Trainings. Absolviert man einen Zug wieder und wieder, wird der Ablauf verinnerlicht und kann später bei ähnlichen Problemen abgerufen werden. Was anfangs schwer wirkt, geht mit entsprechender Übung zunehmend leichter von der Hand, sodass aus einer Schwäche bei manchen schon nach kurzer Zeit eine Spezialität wird. Ein wenig

Vorsicht ist allerdings geboten. Gerade beim Abfangen von Sprüngen müssen Schultern, Arme und Hände hohe Belastungsspitzen schlucken. Das erste Dynamiktraining sollte deshalb nicht an der Leistungsgrenze stattfinden. Stattdessen kann man sich bereits geschaffte Boulder vornehmen, hier längere Einzelzüge bewusst mit Schwung absolvieren oder Griffe gleich ganz überspringen. Das erlaubt es, sich Stück für Stück heranzutasten. Außerdem ist es sinnvoll, zwar regelmäßig, aber nicht übermäßig lange an Dynos zu arbeiten, damit es nicht zu Überlastungsproblemen kommt. Viel mehr kann man kaum tun. Selbst Profis bestätigen, dass Übung das Wichtigste ist, wenn man die eigenen Dynamikqualitäten auf Vordermann bringen will.

Grundlegende Techniken 3: Bouldern im Dach

Wenn der Laie an beeindruckende Kletterei denkt, tauchen im Kopf vor allem Bilder von Menschen auf, die in Dächern hängen und sich dort scheinbar mühelos bewegen. Mich persönlich hat es deshalb von Anfang an sehr gereizt, überhängende Routen zu klettern. Wie eingangs bereits erwähnt, bekommt man beim Bouldern sehr schnell Gelegenheit dazu. Und natürlich merkt man dann, was man bereits vorher vermutet hat – nämlich, dass das Ganze gar nicht so einfach ist, wie es manchmal aussieht.

Wer denkt, für Dachrouten bräuchte man nur einen dicken Bizeps, der irrt. Wie auch beim Klettern in der Vertikalen können die richtigen Techniken mangelnde Kraft in den Armen wettmachen. Diese wiederum unterscheiden sich kaum von dem, was man auch an der geraden Wand beherrschen muss. Die Grundregeln lauten auch hier: Klettern am langen Arm hilft, Kraft zu sparen. Außerdem macht es sich in den meisten Fällen gut, die Hüfte nah an die Wand zu bringen, während so viel Last wie möglich auf die Füße verteilt wird. Selbst die Drei-Punkt-Regel hat in vielen Situationen im Dach ihre Gültigkeit.

Klar muss aber auch sein, dass Technik allein in der Horizontalen nicht mehr ausreicht. Wichtiger als die Kraft in den Oberarmen ist allerdings eine gute Körperspannung, die dafür sorgt, dass man den eigenen Körper überhaupt zwischen den Griffen und Tritten halten kann.

Füße, Füße, nochmals Füße

Auf wenigen Zeilen zusammengefasst klingt das natürlich alles recht einfach. Hängt man dann tatsächlich in der Wand, wird es mit der Umsetzung meist schwierig, weil die Schwerkraft unbarmherzig am eigenen Körper zieht. Der erste Schritt, um diesen Kampf erfolgreich zu führen, ist es, die Füße in der Wand zu halten. Nur so lassen sich Finger und Arme genügend entlasten, um die Dachkletterei über längere Zeit durchstehen zu können. Damit man an dieser Aufgabe nicht scheitert, muss bewusst angetreten werden. Darin unterscheidet sich das Bouldern in Überhängen und im Dach nicht von normalen Routen im vertikalen Gelände. Während dort die schlechte Fußtechnik aber noch durch kräftiges Zupacken der Hände ausgeglichen werden kann, folgt einem abgerutschten Fuß in der Horizontalen meist das Ende des Durchstiegversuchs. Für viele Einsteiger ist es ein Ding der Unmöglichkeit, die Füße wieder auf die Tritte zu bringen, wenn sie einmal den Halt verloren haben. Diese Aufgabe erfordert einiges an Koordination und Kraft. Von daher ist es nur logisch, dass man sich bei Dachrouten die vorhandenen Trittmöglichkeiten von vornherein genau anschaut und die Füße zielgenau setzt.

Neben der Herausforderung, gute Tritte zu finden und diese anschließend auch sauber zu treten, kommt als weitere Schwierigkeit hinzu, den Tritt auch dann nicht zu verlieren, wenn man sich den nächsten Griff angelt. Das Problem ist einfach: Je länger man sich macht, desto mehr Spannung muss der Körper aufbauen, um weiterhin genug Druck auf die Füße bringen zu können. Besonders die Muskulatur an Bauch und Rücken ist am Anfang nicht auf solche Belastungen vorbereitet. Greift man zu weit, bricht die Körperspannung ein.

Das beste Mittel, dem entgegenzuwirken, ist es, weite Züge nach Möglichkeit zu umgehen. Ehe man sich im Dach komplett ausfahren muss, um an den nächsten Griff zu kommen, sollte man lieber nach alternativen Trittmöglichkeiten suchen, mit denen sich der Weg verkürzen lässt. Der Tritt darf allerdings nicht zu nah an den Griffen liegen. Wer wie ein zugeklapptes Messer in der Decke hängt, wird es schwer haben, die nötige Kraft zum Weiterziehen aufzubringen. Gleichzeitig ist es quasi unmöglich, noch Körperspannung aufzubauen, wenn das Gesäß nach unten durchhängt. Für Bouldernovizen ist es deshalb besonders wichtig, die Hüfte auch nach dem Treten noch in Richtung Wand schieben zu können. Dabei nimmt der Körper in manchen Fällen fast die Form eines Bogens an. Das sieht möglicherweise seltsam aus, ist aber sehr stabil. Nicht umsonst setzt man beim Brückenbau schon seit Jahrhunderten auf Bögen, die die zu tragende Last über ihre Wölbung auf die Pfeiler verteilen. Analog dazu verschiebt diese sich beim Kletterer von der Körpermitte auf die Hände und die Füße.

Die Kunst des Verspannens

Im vorherigen Absatz ist schon angeklungen, dass Dachrouten ohne Spannung nicht zu bewältigen sind. Körperspannung macht es überhaupt erst möglich, Druck auf die Füße zu bringen. Was in der Vertikalen von der Erdanziehung für uns erledigt wird, indem sie das Körpergewicht auf die Tritte presst, muss der Kletterer im Überhang aus eigener Kraft schaffen. Grundvoraussetzung dafür ist die Fähigkeit, den Körper zu versteifen. Ziel dieser Übung ist es, an den Griffen und Tritten entgegengesetzt wirkende Kräfte aufzubauen, die ausreichend stark sind, um die am Körper zerrende Schwerkraft auszukontern.

Sicher verspannt: Die rechte Hand liegt im Untergriff und drückt die Füße in die Tritte. Gleichzeitig bauen diese Gegendruck auf. Die Schwerkraft hat so keine Chance.

Was damit gemeint ist, lässt sich leicht nachvollziehen: Hängt man im Dach mit den Händen beispielsweise an einem Untergriff, kann der genutzt werden, um sich mit den Armen in Richtung Tritt zu ziehen. Gleichzeitig drückt sich der Fuß vom Tritt ab und sorgt so dafür, dass die Hand fester in den Griff gepresst wird. Scheitert die Kraftübertragung in dieser Situation nicht an der Rumpfmuskulatur, die den Körper regelrecht in ein Brett verwandeln muss, hat die Schwerkraft keine Chance mehr.

Sollte nicht gerade ein dynamischer Zug Teil des Boulders sein, bei dem die Füße den Halt verlieren müssen, ist es immer das Ziel, durch Verspannen Stabilität aufzubauen. Das ist letztlich auch der Grund, warum ein starker Rücken und Bauch höher im Kurs stehen als ein dicker Bizeps.

Eindrehen wirkt auch im Dach Wunder

Einen praktischen Tipp zum Thema hätte ich dann auch noch: Wie bereits erwähnt, wird es schwerer, die Spannung zu halten, wenn die Züge weiter werden. Vermeiden lässt sich das aber nicht immer, schließlich nimmt die Trittdichte in höheren Schwierigkeitsgraden genauso wie die Auswahl an Griffen ab. Die eleganteste Lösung bleibt dann neben einem dynamischen Zug mit anschließendem Trittverlust oftmals nur noch das Eindrehen.

Eindrehen funktioniert auch im Dach, wobei das nicht aufgestellte Bein dann als Gegengewicht dienen kann. Im Kletterjargon wird diese Technik als Katzenschwanz bezeichnet.

Die Theorie ist dabei nahezu die gleiche wie in vertikalen Wänden. Der Körper wird so rotiert, dass der weiterziehende Arm zusammen mit der Hüfte an die Wand kommt, während der Fuß der zur Wand gedrehten Seite auf dem Tritt ruht. Das zweite Bein übernimmt wieder

Stabilisierungsarbeit und kann, wenn keine gute Trittmöglichkeit vorhanden ist, einfach hängen gelassen werden. Das kann überraschend hilfreich sein, weil es so mit seinem Gewicht die Drehbewegung wie ein Pendel unterstützt. Dadurch müssen Arme und Schultern die Arbeit nicht völlig allein übernehmen. Ist der Körper einmal rotiert, fällt es zudem leichter, die Körperspannung zu halten. Dieser Umstand ermöglicht es, weitere Züge zu absolvieren und gleichzeitig Kraft zu sparen.

Hooken: Der Fuß als dritte Hand

Bisher war beim Thema Fußarbeit stets vom Treten mit der Fußspitze, dem Innen- oder dem Außenrist die Rede, tatsächlich können unsere Füße aber mehr als nur Stehen im eigentlichen Sinne. Das gilt insbesondere für Routen in überhängendem Gelände, in denen es zur Herausforderung gehört, mit den Füßen nach Tritten zu greifen und daran zu ziehen, um die Last von den Armen zu nehmen.

Der Heel Hook

Erste Berührung mit dieser Form der Fußarbeit machen Neulinge für gewöhnlich in Routen, die an Dachkanten entlang verlaufen. Bei solchen Bouldern kann es helfen, oberhalb der Kante liegende Tritte nicht zu treten, sondern den Fuß mit der Ferse aufzulegen. Das erlaubt es, anschließend mit der Waden- und Beinbeugemuskulatur am Tritt zu ziehen und dadurch den Armen Last abzunehmen. Im modernen Kletterlatein wird diese Technik als Heel Hook bezeichnet.

Abgesehen davon, dass es etwas Übung braucht, um den in dieser Art aufgesetzten Fuß tatsächlich belasten zu können, gibt es wenig zum Heel Hook zu sagen. Grundlegend ist nur, dass die Last auf dem Fersenbein und nicht auf der etwas weiter oben liegenden Achillessehne liegt. Letztere würde einen kräftigen Hook im besten Fall mit Schmerzen quittieren. Außerdem werden sich Turnschuh-Boulderer mit dieser Technik schwertun. Sitzt der Schuh an der Ferse nicht straff, wird er beim Ziehen am Tritt vom Fuß gezogen. Sicheren Halt bekommt man so nicht. Spätestens beim Einstieg in Routen mit Hooks sollte man deshalb über die Anschaffung entsprechenden Schuhwerks nachdenken. Dafür spricht auch die Gummierung des Fersenbereichs bei vielen Kletterschuhen, die für zusätzlichen Grip bei Heel Hooks sorgen soll.

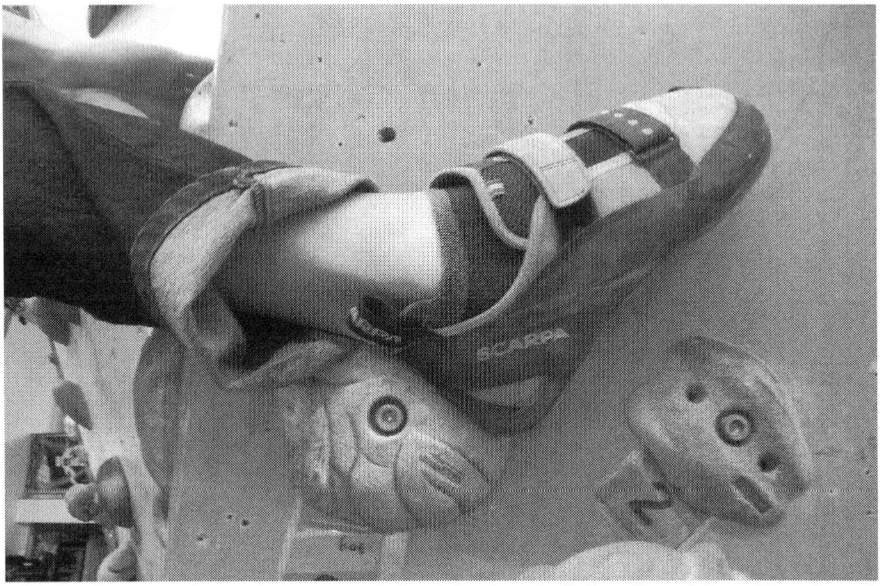

Durch den Heel Hook verwandelt sich der Fuß in eine dritte Hand und zieht aktiv an den Tritten.

Toe Hook: Wenn Zehen zum Anker werden

Was mit der Hacke klappt, funktioniert bisweilen auch mit der Fußspitze oder dem Spann. Dabei wird die Oberseite des Fußes gegen den Tritt gelegt, wo er – ausreichend Druck vorausgesetzt – Halt findet und ebenfalls für Stabilität sorgen kann. Diese Technik wird als Toe Hook bezeichnet. Hat man genügend Platz, kann auch der ganze obere Fuß eingesetzt werden. Der notwendige Druck lässt sich dann aufbauen, indem man das Bein durchstreckt und die Fußspitze in Richtung Schienbein zieht – ganz so, als würde man den Fuß hinter dem Tritt verankern wollen. Bei den ersten Versuchen, diese Technik einzusetzen, fühlt es sich meist schwer bis unmöglich an. Das ist kein Wunder, weil die abgeforderte Bewegung nicht unbedingt dem entspricht, was uns im Alltag begegnet. Mit etwas Übung und zunehmender Kraft der Muskulatur im Bereich des Schienbeins werden Toe Hooks aber immer besser funktionieren.

Wer gern und häufig im Dach klettert, wird reichlich Gelegenheit zum Üben bekommen, da Toe Hooks beim Verspannen des Körpers enorm wichtig werden können. Während die bereits beschriebene Kombination aus Untergriff und gutem Tritt das einfach macht, sind die Griff-Tritt-Kombis längst nicht immer so freundlich. Ist der Griff beispielsweise in Kletterrichtung geöffnet oder die Trittfläche stark abschüssig, kann der Toe Hook die Rettung bringen. In solchen Fällen wird der Fuß nicht aufgestellt, sondern hinter den Tritt gelegt, wodurch an den Körperenden ebenfalls einander entgegengesetzt wirkende Kräfte entstehen, die die Schwerkraft auskontern.

Hier zieht der Toe Hook die Hände in die schlechten Griffe. Ohne Hook würde der Körper in Kopfrichtung wegpendeln und der Kletterer den Halt verlieren.

Hin und wieder kann es vorkommen, dass der Tritt selbst ins Wechselspiel der Kräfte gerät und mit den Füßen in die Zange genommen werden muss. Ein typisches Beispiel dafür sind weite Züge im Dach, bei denen der Fuß auf einem derart schlechten Tritt steht, dass er zwangsläufig abrutscht. Um das zu verhindern, kann der eine Fuß aufgestellt und der andere mittels Toe Hook hinter den Tritt geklemmt werden. Weil nun ein Fuß drückt, während der zweite zieht, wird es leichter, Halt zu finden. Das erlaubt es, sich mit Unterstützung der Füße zum nächsten Griff zu schieben. Diese recht kreativ anmutende Lösung kann sehr gut funktionieren, hat allerdings einen Nachteil: Wird der Toe Hook nach dem Weitergreifen gelöst, geht häufig auch der andere Fuß flöten und man schwingt mehr oder minder unkontrolliert an den Armen. Verhindern lässt sich das, wenn zuerst ein neuer sicherer Tritt für den aufgestellten Fuß gesucht wird, bevor der Toe Hook seinen Platz verlässt.

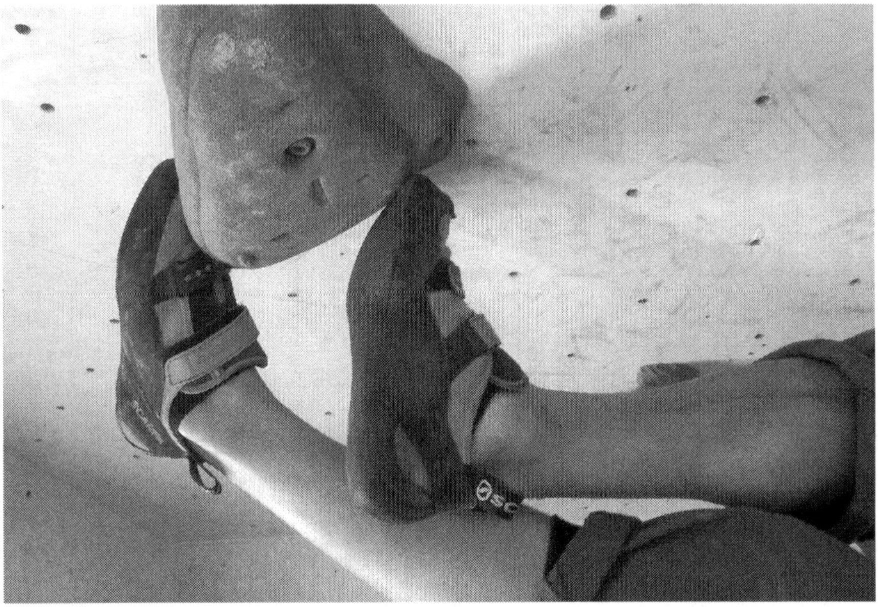

In dieser Situation wird normales Treten mit einem Toe Hook gekontert. Da der Tritt vorn abschüssig ist, bringt das den nötigen Halt.

Hooks helfen auch in der Vertikalen

Übrigens: Auch wenn Hooks bis zu diesem Punkt im *Grundkurs Bouldern* ausgespart wurden, sind sie keine reine Technik für das Klettern in Überhängen und Dächern. Als dritte Hand können sie auch in vertikalen Problemen zur Lösung beitragen. Ein typisches Beispiel ist ein Toe Hook, der im Sinne der Drei-Punkt-Regel die Offene Tür verhindert. Heel Hooks hingegen können äußerst praktisch sein, wenn der anvisierte Tritt sehr hoch liegt und sich mit der Fußspitze nicht mehr ausreichend belasten lässt. Dann kann als Alternative die Ferse aufgelegt und der Körper anschließend über den Fuß geschoben werden. Voraussetzung ist natürlich, dass die Trittfläche groß genug ausfällt.

Links wird ein Heel Hook zum Aufhocken genutzt, rechts verhindert ein Toe Hook die Offene Tür.

Techniken für Fortgeschrittene

Die bisher vorgestellten Bewegungen und Techniken sind die wichtigste Grundlage für das erfolgreiche Bouldern. Beherrscht man sie aus dem Effeff, werden die meisten einfacheren Routen in der Halle, aber auch am Felsen kein allzu großes Problem mehr sein. Es gibt allerdings noch eine Handvoll Kniffe, die ebenfalls wichtig sind, aber gerade am Anfang eher selten abgefordert werden. Wenn die Griffzahl geringer, die Tritte kleiner und das Terrain steiler wird, macht es jedoch Sinn, auch diese zu kennen und anwenden zu können. Sie helfen, die Gegebenheiten eines Boulders und das eigene Potenzial noch etwas besser auszunutzen.

Fußtechnik, die Dritte: Wenn die Tritte rarer werden

Besonders große Bedeutung kommt dabei ein weiteres Mal der Fußtechnik zu. Dass es enorme Vorteile bringt, gut zu stehen, sollte an diesem Punkt des Buches kein Geheimnis mehr sein. Gute Fußtechnik zeichnet sich ab einem gewissen Kletterniveau allerdings nicht mehr nur dadurch aus, die Zehen zu nutzen oder Hooks sicher einsetzen zu können. Knackigere Boulder werden für gewöhnlich auch deshalb schwerer, weil die Möglichkeiten zu treten dünner gesät sind. Das heißt entweder, dass man sich mit kleinen Tritten, die viel Fußkraft erfordern, mit größeren, aber wenigen, oder sehr weit voneinander entfernten Trittmöglichkeiten zufriedengeben muss. Einfach leiterartig nach oben zu laufen, klappt dann nicht mehr. Es müssen kreativere Lösungen wie der Tausch des Standbeins auf ein und demselben Tritt her.

Solche Fußwechsel sind vor allem bei horizontal verlaufenden Routen, sogenannten Traversen, nötig. Wie gut sie gelingen, entscheidet darüber, wie viel Kraft man dabei verbraucht. Natürlich ist es möglich, sich mit den Armen an die Wand zu ziehen, so das Standbein zu entlasten und die Füße anschließend neu zu sortieren. Braucht man die Körner in den Fingern und Armen später noch, kann diese kraftraubende Lösung aber auch der Grund sein, warum man den Topgriff eines Boulders nicht erreicht. Besser ist es also, taktisch vorzugehen und Fußwechsel vorzubereiten, so gut es geht. Dabei stehen im Wesentlichen drei Varianten zur Wahl.

Fußwechsel auf mittelgroßen Tritten

Besonders dankbar sind Tritte mit einer breiten Trittfläche, selbst wenn diese nicht groß genug ist, um beide Füße gleichzeitig darauf abzusetzen. Man kann allerdings schon beim Antreten sicherstellen, dass der Tausch des Standbeins anschließend ohne großen Kraftaufwand über die Bühne geht. Dazu wird der Fuß zuerst einmal flächig aufgesetzt, wobei trotz des bevorstehenden Fußwechsels nichts dagegen spricht, den Innen- oder Außenrist zu nutzen. Man sollte lediglich vermeiden, die Zehenspitzen über den Rand der Trittfläche hinausschauen zu lassen, sondern eher etwas Abstand halten, sofern das möglich ist.

Ist im Anschluss der Fußwechsel nötig, beginnt man, den stehenden Fuß so zu drehen, dass sich die Ferse von der Wand entfernt und nur noch die Zehen Wandkontakt haben. Dadurch wird Platz für den anderen Fuß gemacht, der als nächstes – ebenfalls frontal – auf die frei gewordene Fläche gesetzt werden kann. Sobald man etwas Halt gefunden hat, wird das Standbein entlastet und vom Tritt genommen, wodurch Fuß #2 noch etwas mehr Raum bekommt und auf diesen hinaufgedreht werden kann. Spätestens dann ist es möglich, Fuß #1 komplett zu lösen und damit weiterzutreten.

Bietet die Trittmöglichkeit nur wenig Platz, ist dafür unter Umständen ein leichtes Tänzeln nötig, wobei abwechselnd der eine Fuß be- und der andere entlastet wird, was es erlaubt, die Füße Stück für Stück in die richtige Position zu bringen. Das kostet eventuell etwas mehr Zeit, ist aber kraftsparend, sofern man den Füßen weiterhin traut und so viel Körpergewicht wie möglich auf den Tritt bringt.

Ist der Tritt groß genug, kann man den Fußwechsel durch das Drehen des Standbeins kraftsparend lösen. Die Hauptlast liegt dann weiter auf den Füßen.

Fußwechsel auf kleinen Tritten

Bei wirklich kleinen Tritten ist der oben beschriebene Fußtausch keine Option mehr. Spätestens, wenn nur noch die Spitze des Schuhs Platz findet, muss man sich etwas anderes einfallen lassen. Sind die Griffe gut genug, um den Körper kurz von der Wand wegzuschieben, kann man versuchen, diese zwischenzutreten und so Platz für den anderen Fuß zu machen. Dabei stellt man den freien Fuß auf Reibung an, löst das bisherige Standbein und platziert es ebenfalls kurz an die Wand. So wird der Tritt frei und kann vom anderen Bein in Beschlag genommen werden. Das ursprüngliche Standbein wandert im Anschluss auf den nächsten guten Tritt.

In der Boulderhalle funktioniert das am besten, wenn die Wand beschichtet oder zumindest unlackiert ist. Dann finden die Schuhe genügend Halt. Hallen, in denen man sich für eine glatte Lackierung entschieden hat, machen den Einsatz dieser Technik schwer. Im Hinterkopf sollte man sie dennoch behalten, da sie spätestens bei Ausflügen an den Felsen praktische Dienste leisten kann.

Besonders gut geeignet ist das Zwischentreten für Boulder an liegenden, vertikalen oder leicht überhängenden Wänden. In stark überhängendem Gelände oder in Dächern muss man bei Fußwechseln etwas kreativer sein, weil beim Entlasten des Standbeins immer die Gefahr besteht, dass man vollständig den Halt verliert und aus der Route pendelt. Einen eleganten Fußtausch auf kleinen Tritten macht das fast unmöglich, sofern man nicht irgendwo einen Zwischentritt findet, der mehr Halt bietet als die geneigte Wand.

Nicht schön, aber schnell – dynamische Fußwechsel

Eine Voraussetzung für das Zwischentreten ist – wie bereits erwähnt – das Vorhandensein von guten Griffen oder entsprechenden Tritten, wenn man im Dach unterwegs ist. Mit diesen kann man natürlich nicht immer rechnen, sodass sich der Fußwechsel in manchen Situationen nur noch mit einem regelrechten Hauruck lösen lässt. Dafür muss man leicht abspringen, das Standbein vom Tritt ziehen und sich mit dem anderen Fuß auf den Tritt fallen lassen. Am besten hält man den freien Fuß dabei bereits knapp über dem stehenden und kann so der Schwerkraft die Arbeit überlassen.

Der Vorteil ist hier ganz klar die Geschwindigkeit, mit der der Tausch erledigt ist. Es braucht nur den Bruchteil einer Sekunde und man kann sich weiterbewegen. Andererseits ist bei dieser Technik hohe Präzision gefragt. Trifft man einen kleinen Tritt nicht oder nur sehr schlecht, kann es passieren, dass man abrutscht oder nachjustieren muss. Hinzu kommt, dass ein dynamischer Fußwechsel durchaus zu einer Herausforderung für den Kopf werden kann, wenn man ihn nicht 30

Zentimeter über dem Boden, sondern in drei Meter Höhe hinter sich bringen muss und im schlechtesten Fall den Tritt nicht einmal mehr im Blick hat. Etwas Übung und Vertrauen in die eigenen Fähigkeiten ist dann unverzichtbar. Deshalb bietet es sich an, dynamische Fußwechsel auch auf Tritten einzubauen, die eigentlich genug Fläche bieten, um die Füße nebeneinanderzustellen. Hat man es noch dazu mit großen Griffen zu tun, wie das am Anfang durchaus üblich ist, ist der dynamische Tausch oftmals die schnellste und am wenigsten umständliche Lösung. Nichtsdestotrotz sollte man hin und wieder variieren, um auch die anderen Lösungsansätze einzuschleifen.

Es darf auch gekreuzt werden

Zumindest bei Traversen bietet sich gelegentlich noch eine weitere Alternative an. Liegen die Tritte relativ eng beieinander, kann man versuchen, an der Wand entlangzulaufen. Dafür wird das freie Bein wahlweise vor dem stehenden Fuß durchgekreuzt oder hinterschert – je nachdem, welche Lösung sich in der jeweiligen Situation am angenehmsten anfühlt. Erreicht man auf diesem Weg ausreichend große Tritte, kann der Fußwechsel gänzlich unnötig werden. Allerdings müssen die Griffe dafür so gut sein, dass keine Gefahr besteht, abzurutschen, auch wenn man den Körper nicht direkt unterhalb des Griffs positioniert. Soll das Gleichgewicht beim Durchtreten erhalten bleiben, kann es nämlich nötig werden, den Oberkörper in die Gegenrichtung zu lehnen, während das Bein zum nächsten Tritt wandert. Geben die Griffe den dafür nötigen Bewegungsspielraum nicht her, ist man mit einem Fußwechsel besser bedient.

Beim Durchkreuzen muss man sich außerdem mit einer ungewöhnlichen Art zu treten anfreunden. In den meisten Fällen ist es nämlich nicht möglich, den durchgekreuzten Fuß mit dem Innenrist oder frontal aufzustellen. Stattdessen kommt der Außenrist zum Einsatz, was besonders bei weiten Schuhen ein schlechteres Trittgefühl vermittelt. Die kleinen Zehen sind nun einmal weniger kräftig als der große Zeh, der beim Stehen auf der Fußspitze oder der Innenseite die Hauptarbeit übernehmen kann. Auch hier braucht es also etwas Übung und Vertrauen.

Wer dennoch lieber frontal antreten möchte, sollte eher auf das Hinterscheren als das Durchtreten setzen. Dann ist es leichter, mit der Zehenspitze auf den nächsten Tritt zu kommen. Im Gegenzug nimmt jedoch die Reichweite ab.

Doppeln, Wechseln, Kreuzen – auch für die Hände nichts Unbekanntes

Was bei den Füßen nötig ist, kommt auch bei den Händen immer mal wieder vor. In der Halle sind Handwechsel zumindest an schlechten Griffen zwar eher die Ausnahme, weil es den Kletterfluss unterbricht und als unschön empfunden wird. Verklettert man sich oder ist in der Natur unterwegs, die sich nicht nach den Ansprüchen der Boulderer richtet, kann man dennoch vor diese Herausforderung gestellt werden.

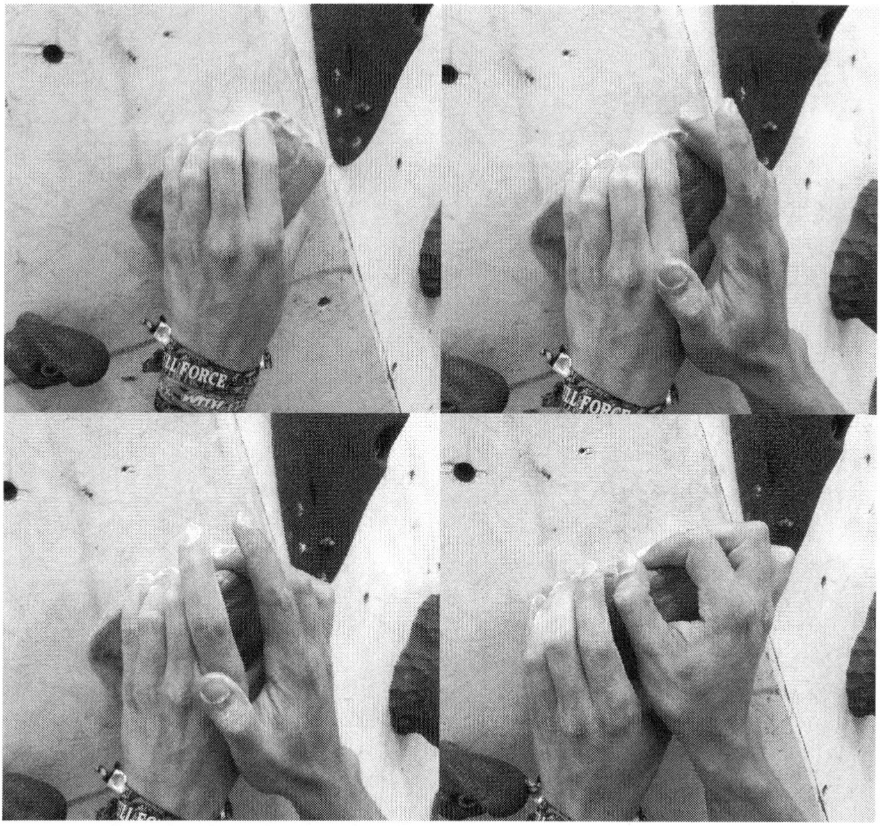

Bei Handwechseln gilt es, das beste aus dem vorhandenen Platz zu machen. Dazu werden die Finger nach und nach umsortiert.

Mit zunehmendem Kletterniveau können das auch recht kleine Griffe sein, die eigentlich nur Platz für eine Hand oder wenige Finger bieten. Lässt sich der Handwechsel dann nicht vermeiden, muss man – sollten die Tritte nicht gerade so groß sein, dass man freihändig stehen kann – buchstäblich umsortieren. Das bedeutet, dass zuerst einzelne Finger der greifenden Hand vom Griff gelöst werden und so Platz für die Finger der anderen Hand geschaffen wird. Typisch wäre beispielsweise, den Zeigefinger der Greifhand zu heben, um ihn durch den Mittelfinger der anderen Hand zu ersetzen und dann den Mittelfinger der ersten zu lösen und mit dem Zeigefinger der zweiten Hand zu tauschen. Damit das klappt, braucht man natürlich ausreichend Kraft in den verbleibenden Fingern und muss diese so gut es geht mit den Füßen entlasten. Sicher stehen zu können, ist also auch hier von Vorteil.

Nichtsdestotrotz sind derartige Handwechsel gleichermaßen zeitaufwendig und kraftraubend und deshalb eher zweite Wahl. Ist der nächste Griff nicht allzu weit entfernt, sollte man eher versuchen, ihn durch Kreuzen zu erreichen. Der Grundgedanke ist dabei der gleiche, der weiter oben schon beim Durchtreten erklärt wurde. Anstatt die Hand zu wechseln, wird einfach die freie Hand zum nächsten Griff gebracht, obwohl dieser sich auf der gegenüberliegenden Körperseite und dadurch theoretisch eher in Reichweite der anderen Hand befindet. Liegt der nächste Griff also beispielsweise weiter rechts und man hängt bereits an der rechten Hand, kommt einfach die linke zum Einsatz. Leicht fällt das natürlich dann, wenn man an Henkeln unterwegs ist und eine eventuell beim Weiterbewegen auftretende Offene Tür problemlos abfangen kann. Will man diese von vornherein vermeiden, ist es allerdings effizienter, die Füße vor dem Durchkreuzen zu wechseln. Dann klappt das Durchkreuzen auch an kleinen Griffen gut.

Entscheidet man sich zu kreuzen, ist es sinnvoll, zuerst die Füße zu wechseln, um der Offenen Tür zuvor zu kommen. Anschließend sollte man eine möglichst stabile Position suchen, den nächsten Griff nehmen und sich weiterschieben.

Eigentlich kein großes Geheimnis und trotzdem nicht immer selbstverständlich ist, dass Griffe auch gedoppelt, also mit beiden Händen gegriffen werden können und sollen. Gerade Anfängern, die sich größtenteils an Griffen die Wand hoch bewegen, auf denen beide Hände umstandslos Platz finden, muss man das nicht extra erklären. Werden die Haltepunkte kleiner, gerät diese im Grunde natürliche Technik jedoch schnell in Vergessenheit. Weil es sich so anfühlt, als würde die zweite Hand nicht mehr auf den Griff passen, versucht man es gar nicht erst und nimmt dabei teils unnötig weite und damit schwerere Züge in Kauf. Resultiert das in einem Absturz, wäre es oftmals besser gewesen, mit der freien Hand zwischenzugreifen, um sich besser positionieren oder zusätzlichen Schwung holen zu können. Selbst wenn beim Doppeln nur ein oder zwei Finger statt der ganzen Hand Platz finden, ist das einem langen Zug vorzuziehen. Reicht es nicht einmal dafür, kann zumindest versucht werden, die freie auf der haltenden Hand abzulegen. Das erspart etwaiges Umsortieren und kann weite Züge trotzdem erleichtern – auf das gute Gefühl, einen echten Griff unter den Fingern zu haben, muss man dann natürlich verzichten.

Eindrehen mal anders: Ägyptern

Dass es viele Züge beim Bouldern ebenfalls leichter macht, wenn man den Körper nah an der Wand positioniert, wurde im Kapitel zum Froschen und Eindrehen bereits erklärt. Beide Techniken sind leicht zu erlernen und bieten eine elegante Lösung für ansonsten kraftraubende Bewegungen. Allerdings bringt nicht jeder Boulder die richtigen Bedingungen mit, um auf diese Bewegungskniffe zurückzugreifen. Fehlt es an passenden Tritten, kann das Eindrehen scheitern, befindet sich die Route in einem leichten Überhang, wird der Frosch schwer umsetzbar. Manchmal reicht es zum Lösen der Hand und anschließenden Weitergreifen auch nicht, wenn nur ein Bein sicher steht.

In solchen Situationen kann ein „Dropknee“, im Deutschen auch „Ägypter“ genannt, eine Lösung sein. Der Name leitet sich von der Beinstellung ab, bei der eines der beiden Beine so eingedreht wird, dass das Knie nach unten zeigt. Derart positioniert, erinnert die Körperhaltung an die Malereien an alten ägyptischen Bauwerken, was dem abgesenkten Knie seinen ungewöhnlichen Namen eingebracht hat.

Voraussetzung ist, dass es zwei recht gute Trittmöglichkeiten gibt, die weiter als schulterbreit auseinanderliegen, aber noch so nah sind, dass man sie gleichzeitig treten kann.

Um den Ägypter zu nutzen, positioniert man sich zuerst einmal frontal und stellt beide Füße auf die Tritte. Wie so oft ist es wichtig, auf den Zehen zu stehen, damit die Füße im Anschluss gedreht werden können, ohne den Halt zu verlieren. Dann beginnt man, ein Bein nach innen und das Knie nach unten zu rotieren, wodurch der Körper näher an die Wand rückt und sich in eine seitliche Position verlagert. Das heruntergedrehte Bein wird dabei nicht entlastet, was unter Umständen ein unangenehmes Gefühl hinterlässt. Tatsächlich ist der Ägypter nicht unbedingt knieschonend und sollte nicht auf Biegen und Brechen eingesetzt werden.

Funktioniert die Bewegung, bringt sie im Gegenzug viele Vorteile. Zum einen lässt sich der Körper relativ leicht auf- und abwärts bewegen, indem man sich etwas nach oben drückt oder das Knie weiter absenkt, ohne dass dabei die Stabilität verloren gehen würde. Das erleichtert es, schlechte Griffe zu halten oder weiter entfernte zu erreichen. Zum anderen sorgt das Verspannen der Füße dafür, dass die Hände weniger halten müssen, was manchmal das Weitergreifen überhaupt erst möglich macht. Das funktioniert so gut, dass der Ägypter auch im Dach eingesetzt werden kann, wenn ein Griff zu schlecht ist oder man beim Weiterziehen wegzupendeln und dadurch den Halt zu verlieren droht. Richtig eingesetzt wird die Hand dann regelrecht in den Griff gepresst und kann nicht mehr herausrutschen. Beeindruckend effizient kann das auch im Fall von Schulterzügen sein, bei denen es nicht ausreicht, wenn der Griff auf Schulterhöhe gehalten wird, um den nächsten Griff zu erreichen. Dann erleichtert das Herunterdrehen des Knies dem Boulderer, sich am Griff vorbeizuschieben und wegzudrücken, ohne dass dabei der Druck auf der Greifhand nachlässt, wodurch man den Halt verlieren würde. Auch weiter entfernte Griffe kommen so in Reichweite.

Beim Ägyptern verspannt man sich mit den Füßen zwischen den Tritten und erreicht so auch weit entfernte Griffe.

Unabhängig davon, ob man nun im Dach oder der Senkrechten unterwegs ist, zählt beim Ägyptern, dass das richtige Bein eingedreht wird. Welches das ist, wird durch die zu lösende Hand vorgegeben. Zieht die rechte weiter und die linke Hand bleibt am Griff, dreht man das rechte Bein herunter. Umgekehrt ist es, wenn der Zug mit der linken Hand ausgeführt wird.

Knieklemmer: Klettern im Überhang mit Knieeinsatz

Ebenso wie das Ägyptern zählt auch der Knieklemmer nicht unbedingt zu den „natürlichen" Techniken beim Klettern und Bouldern – also solchen, die sich ganz von allein ergeben. Für gewöhnlich ist man darauf fokussiert, sicheren Halt für Hände und Füße zu finden, sodass die Option, auch das Knie einzusetzen, gar nicht in den Sinn kommt. Es gibt allerdings Routen, in denen genau das die einfachste Lösung für sehr kraftraubende Züge ist. Besonders gern genutzt wird der Knieklemmer deshalb in Überhängen und Dächern, sofern dort die Bedingungen stimmen.

Grundvoraussetzung ist, dass sich in der Nähe der Tritte eine in Richtung Fuß zeigende Kante befindet, gegen die man das Knie legen könnte. Fällt der Abstand zwischen Tritt und Kante in etwa so groß aus, wie der Unterschenkel lang ist, kann dieser hier verspannt werden. Etwas Spielraum gibt es, weil sich der Fuß strecken oder die Ferse absenken lässt, während man das Bein positioniert. Ein flexibles Sprunggelenk und kräftige Waden sind hilfreich.

Passt der Unterschenkel in etwa zwischen Tritt und Kante, schiebt man ihn in die Lücke. Anschließend wird die Wade angespannt und die Zehen mit Kraft auf den Tritt gepresst, wodurch sich das Knie gegen die Kante drückt. Der Unterschenkel wird dabei buchstäblich eingeklemmt und so zu einem weiteren Haltepunkt in der Route. Gute Knieklemmer können sogar so fest sitzen, dass man die Hände auch im Dach von der Wand lösen kann und genügend Zeit hat, frisches Blut in die Arme zu schütteln oder sie an den Griffen neu zu sortieren. Genauso hilfreich ist diese Technik natürlich auch dann, wenn ein Zug bevorsteht, bei dem beinahe das ganze Körpergewicht an den Händen hängt. Will man sich davon nicht die Energie rauben lassen oder hat schlicht nicht mehr genug Strom in den Armen, um das zu schaffen, kann der Knieklemmer die dringend benötigte Entlastung bringen.

Beim Knieklemmer wird der Unterschenkel zwischen zwei sich gegenüberliegenden Flächen verspannt. Dadurch entsteht ein sehr stabiler Haltepunkt.

Auch wenn es sich anfangs vermutlich etwas seltsam anfühlt, den Unterschenkel zu verkeilen, ist die Verletzungsgefahr dabei gering. Typisch sind lediglich Kratzer oder blaue Flecken auf dem Knie, denen man am besten mit einer langen und robusten Kletterhose begegnet. Für den Anfang sollte das genügen. Hat man sich ein Projekt gesucht, bei dem ein Klemmer obligatorisch ist, das man aber nicht bereits nach ein paar Versuchen abhaken kann, sollte man über die Verwendung einer Kniebandage oder eines Kneebar-Pads nachdenken. Letztere wurden von Kletterherstellern speziell entwickelt, um die Oberschenkelhaut zu schützen. Da Knieklemmer aber eher die Ausnahme als die Regel sind, gehören diese Pads nicht unbedingt zu den Dingen, die man wirklich dabei haben muss.

Kopf einschalten oder: Boulder sind keine Leitern

Bei aller Theorie rund um Griffe, Tritte, Techniken und gut trainierte Körperteile muss eines klar sein: Bouldern erfordert nicht nur körperliche Fitness, sondern auch eine ordentliche Portion Kreativität. Kein Problem ist wie das andere und was bei einem Boulder gut funktioniert hat, führt bei einem anderen vielleicht in die Sackgasse. Gute Boulderer sind deshalb immer auch mit dem Kopf dabei und überlegen sich schon vor dem Einstieg in eine Route, wie die einzelnen Züge aussehen könnten. Anfänger tun sich damit leider schwer und klettern häufiger einfach drauflos. Kommt dann etwas Unerwartetes – und sei es nur ein Fußwechsel – kann dies schon Grund genug sein, sich von der Wand fallen zu lassen.

Ein Stück weit ist das natürlich normal und wird mit der Erfahrung besser. Dass die Fähigkeit, einen Boulder zu lesen, sich erst entwickeln muss, heißt aber nicht, dass man es nicht auch als Anfänger versuchen sollte. Übung macht schließlich den Meister. Zumindest sollte man im Hinterkopf behalten, dass Boulder keine Leitern sind. Probleme, die bezwungen werden können, indem man stur mit links und rechts der Reihe von Griffen und Tritten folgt, gibt es nur am Anfang. Wirft man diese Angewohnheit schon zum Start über Bord, ist man auf einem guten Weg.

Eine Route nicht sofort klettern zu können, sollte übrigens als Chance angesehen werden, neue Bewegungen zu erkunden. Manchmal hilft es schon, die Hände zu kreuzen, einen Griff zu doppeln, die linke Hand zwei Mal weiterzuziehen, bevor die rechte an den nächsten Griff geht, oder den rechten Fuß auf den linken Tritt zu bringen. Es darf, soll und muss herumprobiert werden.

Nicht zuletzt kann man aber auch von anderen lernen. Wenn sich keine eigene Lösung findet – und keine der in den vorhergehenden Kapiteln beschriebenen Techniken hilft – dann sollte man die nötigen Bewegungen abschauen. Gelegenheit dafür gibt es immer wieder. Entweder man lauert auf den Moment, in dem ein erfahrenerer Kletterer in das Problem einsteigt, oder bittet einfach um einen Tipp. Kletterer sind wie bereits erwähnt ein hilfsbereites Völkchen.

Teil 3. FAQ

Apropos hilfsbereit! Im letzten Teil des *Grundkurs Bouldern* soll es um regelmäßig auftauchende Fragen gehen. Dieser Teil erhebt in seiner aktuellen Form keinen Anspruch auf Vollständigkeit und soll in kommenden Ausgaben erweitert werden. Wenn Dir also etwas unter den Nägeln brennt, das bisher im *Grundkurs* keine Erwähnung gefunden hat, sei so frei und kontaktiere mich über **ralf@grundkurs-bouldern.de**. Dann gibt es nicht nur schnellstmöglich eine persönliche Antwort, sondern möglicherweise auch einen neuen Abschnitt in diesem Buch.

Hilfe! Angst!

Das anfangs größte Problem, mit dem Novizen des Bouldersports zu kämpfen haben, ist im Normalfall Angst. In den ersten Routen sind die Griffe und Tritte gut, die Bewegungen unspektakulär. Trotzdem wird es gerade bei Bouldern kribbelig, die etwas in die Höhe gehen. Das ist normal und betrifft den einen mehr, den anderen weniger – je nachdem wie risikofreudig man ohnehin ist. Wirklich etwas tun kann man gegen die Unsicherheit nicht, außer sich dem Problem zu stellen. Angst hat viel mit Gewöhnung zu tun, was es erlaubt, die Grenzen Stück für Stück weiter hinauszuschieben. Dass man wirklich völlig angstfrei wird, ist allerdings die Ausnahme. Beim Bouldern wird es immer wieder Situationen geben, in denen man sich nicht wohlfühlt. Diese zu meistern macht einen Teil des Reizes dieser Sportart aus.

Anders als gern behauptet, haben die meisten Menschen übrigens keine Höhenangst, sondern Sturzangst. Am besten lässt die sich mit kontrollierten Stürzen bekämpfen. Man klettert also bis zu dem Punkt, an dem es unangenehm wird, und lässt sich anschließend auf die Matte fallen. Hat man erst einmal gemerkt, dass dabei nichts passiert, geht man beim nächsten Versuch entspannter in die Route. Das kann auch bei schwierigen Zügen helfen. Will eine Bewegung einfach nicht klappen, weil sich die Angst im Hinterkopf breitmacht und den Körper lähmt, tastet man sich Stück für Stück heran. Bei einem Sprung könnte man dann beispielsweise zuerst den Absprung einschleifen, anschließend an der Flugbahn arbeiten und schließlich das Zugreifen perfektionieren. Am Ende hat man mehrmals erlebt, was im Falle eines Fehlversuchs passiert und die notwendigen Bewegungen einstudiert. Der Kopf sollte dann weit weniger Ärger machen.

Ein Problem, gegen das man ohne viel zu üben etwas tun kann, sind die feuchten Hände, von denen wir in beunruhigenden Situationen geplagt werden. Eine gute Ladung Chalk trocknet den Angstschweiß und sorgt für besseren Halt an den Griffen. Allein das kann schon viel Sicherheit zurückgeben.

Autsch! Meine Hände!

Menschen, die mit leicht verzerrtem Gesicht auf ihre Handflächen schauen und die Fingerchen anschließend kräftig schütteln – das ist ein Bild, das man beim Bouldern häufiger zu sehen bekommt. Gerade Anfänger haben mit brennenden Händen zu kämpfen, weil es noch an schützender Hornhaut fehlt. Deshalb muss der Neuling oftmals schon aufhören, wenn erfahrenere Kollegen noch ein paar Runden an der Wand drehen. Wirkliche Abhilfe gibt es hier nicht. Lindern lässt sich der Schmerz nur, indem man sich zum Beispiel ein erfrischendes Kaltgetränk schnappt und daran die gereizte Haut kühlt. Weiterbouldern wird man aber auch dann nicht können.

Grund zur Sorge sind brennende Hände dennoch nicht. Geht man ein paar Mal nacheinander in die Kletterhalle, wird die Haut robuster und macht wesentlich längere Trainingssessions mit. Wichtig ist, dass die Abstände zwischen den einzelnen Besuchen nicht zu groß werden. Wer seltener als einmal in der Woche geht, wird wohl dauerhaft mit schmerzenden Handflächen zu kämpfen haben.

Was tun bei Hautverletzungen?

Es ist nicht schön, aber es kann vorkommen: Man greift übermotiviert zu, rutscht ab und darf anschließend einen unappetitlichen losen Hautfetzen an der Handfläche begutachten. Weiterklettern möchte man so nicht, schließlich ist die verletzte Stelle empfindlich. Hier empfiehlt es sich, die Wunde mit Tape zu verarzten. Dabei handelt es sich im Grunde um stärkeres Pflaster ohne Wundauflage. Da man die Klebefläche nicht direkt auf Wunde bringen will, kann man die Auflage auch improvisieren. Es wird einfach ein ausreichend großes Stück Tape am

Ende des aufzuklebenden Streifens umgeklappt und auf die Verletzung gelegt. Anschließend kann das Tape komplett aufgeklebt werden. Anstatt der Haut wird beim weiteren Bouldern dann an dieser Stelle der Stoff strapaziert. Am besten funktioniert das natürlich an den Fingern, während die Handfläche nur schlecht getapet werden kann. Dort löst sich der Klebeverband einfach zu schnell wieder, sofern man nicht gleich einen Streifen um die gesamte Hand wickelt.

Nach dem Bouldern sollte man die betroffene Stelle gut reinigen und anschließend eincremen, um zu verhindern, dass die empfindliche Haut austrocknet und einreißt. Hat sich das Ganze bereits etwas regeneriert, kann man tote Hautreste abschneiden und versuchen, die verbleibenden Ränder zu glätten. Dabei hilft eine Hornhautfeile, wie man sie in jedem Nageletui findet. Das verringert das Risiko, dass die Haut an dieser Stelle weiter einreißt, wenn man das nächste Mal in der Wand hängt. Andernfalls würden die Kanten eine hervorragende Angriffsfläche bieten.

Hautverletzungen treten übrigens häufiger auf, wenn man selten bouldern geht. Grund ist das Nachwachsen weicher Hautschichten unterhalb der Hornhaut. Gibt man dann etwas mehr Gas, bilden sich Blasen und das festere Gewebe wird einfach abgezogen. Schneller geschieht das, wenn die Haut vom Schweiß durchgeweicht ist. Präventivmaßnahmen sind also regelmäßiges Training und gutes Chalken.

Holt man sich dennoch eine Blase, würde ich sie nicht aufstechen, sondern in Ruhe lassen. Die Haut hat so die Möglichkeit, sich zu regenerieren, während die schützende Hornhautschicht noch darüber liegt. Löst diese sich dann ab, ist darunter schon wieder alles im Lot.

Die Hände pflegen – aber wie?

Beim Klettern wird die Haut im Wesentlichen auf zwei Wegen strapaziert. Zum einen reizt das Greifen und Abrutschen die Hände, zum anderen trocknet das Chalk nicht nur den Schweiß, sondern auch die obere Hautschicht ab. Wer bereits empfindliche und trockene Haut hat, tut deshalb gut daran, immer mal wieder zu cremen. Wie oft das nötig ist, hängt vom Hauttyp ab. Übertreiben sollte man es aber nicht. Wird die Haut zu weich, schlägt der Effekt der Pflege ins Gegenteil um und Verletzungen werden wahrscheinlicher. Bei der Wahl der Creme schwören viele Kletterer auf Mittel, die schnell einziehen. Es gibt sogar Produkte wie *Climb On*, die speziell für Fels- und Hallenakrobaten entwickelt wurden. Sie sollen die Regeneration unterstützen und die Strapazierfähigkeit der Haut erhöhen.

Zur Pflege gehört auch, sich um die Hornhaut zu kümmern. Diese dient zwar als Schutz, zu dicke Schwielen sind aber ebenfalls ein Problem. Sie drücken unangenehm, können ein- oder sogar ganz abreißen. Um das zu verhindern, kann man regelmäßig zur Feile greifen und den Überschuss herunterhobeln. Das geht am besten, wenn die Hände gerade relativ trocken sind. Wer generell zu schwitzigen Händen neigt und dem mit Chalk nicht beikommt, kann es darüber hinaus mit *Antihydral* aus der Apotheke versuchen. Diese Creme ist ein Mittel gegen Hand- und Fußschweiß und kann auch Kletterern zu besseren Leistungen verhelfen. Natürlich sollte man damit sparsam umgehen, weil zu trockene Haut ihre Elastizität einbüßt.

Schmerzen in den Fingern?

Beim Klettern und Bouldern wird natürlich nicht nur die Haut beansprucht. Auch für Sehnen und Bänder ist es eine Belastung, an die sich der Körper erst einmal gewöhnen muss. Leider brauchen die passiven Strukturen dafür um einiges länger als die Muskulatur, was dazu führen kann, dass man zwar kräftig genug für eine anspruchsvolle Route ist, die Sehnen das aber schlecht verkraften. Dann sind mehr oder minder starke Schmerzen die Folge.

Abhilfe kann auch hier Tape schaffen, das um die betroffenen Fingerglieder gewickelt wird. Der Verband stützt die Sehnen und Bänder, was einer weiteren Überlastung vorbeugt. Wichtig ist aber, dass man es etwas ruhiger angeht. Eine Sehnenreizung heilt innerhalb von ein paar Tagen ab, ein Sehnen- oder Bänderriss wirft uns gleich mehrere Wochen bis Monate aus der Bahn. Schwere Projekte sollte man eher verschieben, bis man sich wieder richtig fit fühlt.

Präventives Tapen – also bevor es überhaupt Probleme gibt – ist derweil keine gute Idee. Unser Körper ist im Grunde faul und passt sich nur an, wenn er Belastungen ausgesetzt wird, die über der Norm liegen. Ein aus falscher Vorsicht angelegter Tape-Verband verhindert das und damit auf Dauer auch den Fortschritt. Geklebt wird also nur, wenn man wirklich Schwierigkeiten hat.

Tapen? Wie funktioniert das?

Relativ einfach ist das Tapen von Hautverletzungen, die wohl zu den häufigsten Problemen bei Anfängern gehören. Hat man sich einen Riss oder eine Blase zugezogen, genügt es, einen Streifen nicht elastisches Tape (beispielsweise *Leukotape*) um den verletzten Bereich zu wickeln. Wichtig ist dabei, nur so wenig Tape wie möglich und so viel wie nötig zu verwenden. Für Fingerverletzungen reicht im Normalfall ein etwa zwölf Zentimeter langer Streifen, der gleichzeitig nicht breiter als das betroffene Fingerglied ist. Auf dicke Tape-Verbände, die sich über den gesamten Finger ziehen, sollte man verzichten. Sie verschlechtern das Greifgefühl, schränken Beweglichkeit sowie Blutversorgung ein und entlasten nicht optimal. Am besten ist es, den Tape-Streifen etwa anderthalb bis zwei Umrundungen um den Finger zu ziehen. Dabei sollte man penibel darauf achten, Tape auf Tape zu kleben, da es so am besten hält. Die Haut darunter muss zuvor von etwaigem Schutz und Chalk befreit werden.

Hat man mit Überbelastungen und Verletzungen der Sehnen, Bänder oder Kapseln zu kämpfen, ist es wichtig, nicht einfach drauflos zu tapen. Für diese Fälle haben sich verschiedene Tape-Verbände etabliert, die gezielte Entlastung bieten. Weil dieses Thema sich in ein paar Absätzen nicht ausreichend zusammenfassen lässt und es auch für fortgeschrittene Kletterer relevant ist, habe ich die wichtigsten Informationen in meinem zweiten Kletterratgeber *Taping im Klettersport* zusammengefasst. Darin wird zum einen Basiswissen zur Anatomie, zu Tape-Arten, Verletzungssymptomen und zur Prävention vermittelt, zum anderen erkläre ich anhand von bebilderten Schritt-für-Schritt-Anleitungen, wie die einzelnen Tapes angelegt werden. Spätestens, wenn man das Pech einer Ringband- oder Kapselüberlastung hat, wird es Zeit, sich mit diesem Thema zu befassen. Richtiges Tapen hilft dann, schnell wieder die volle Leistung bringen zu können.

Taping im Klettersport ist wie der Grundkurs als E-Book für Kindle und Tolino beziehungsweise als Printbuch bei Amazon erhältlich.

Schmerzende Ellenbogen? Was hat es damit auf sich?

Wenn es selbst bei leichten Routen auf der Innen- oder Außenseite des Ellenbogens zwickt und das auch nach Tagen nicht aufhört, wird es etwas ernster. Der Schmerz kann ein Hinweis auf eine sich anbahnende Entzündung der Ansätze der Unterarmmuskulatur sein. Bekannt ist dieses Leiden als Golf- oder Tennisellenbogen, weil es bei eben diesen Sportarten häufiger anzutreffen ist. Ursache ist wie bei den Schmerzen in den Fingern eine Überlastung. Zu spaßen ist damit nicht, weil die Entzündung zu einer chronischen Erkrankung werden kann.

Um kein Risiko einzugehen, sollte man bei den ersten Anzeichen ein paar Tage Pause machen und anschließend besonders penibel auf eine gute Erwärmung und angemessene Belastung achten. Wo die Grenzen liegen, verrät der Schmerz. Die betroffene Partie zu dehnen, hat sich ebenfalls als hilfreich erwiesen. Möglich ist das mit zwei einfachen Übungen, die auch präventiv nach jedem Kletter- und Bouldertraining durchgeführt werden können. Bei der ersten Übung hält man den vollständig gestreckten Arm so vor den Körper, dass der Ellenbogen nach innen zeigt. In dieser Position wird die zu dehnende Hand mit der Handfläche nach oben gedreht, zur Faust geballt, anschließend von der anderen gegriffen und leicht nach oben gezogen. Dabei stellt sich – sofern man die Faust geschlossen hält – ein Ziehen auf der Außenseite des Unterarms ein. Will man die Innenseite des Unterarms dehnen, wird der Ellenbogen des betroffenen Arms nach außen rotiert, bis man die Finger parallel zum Körper hält. Die mit der Handfläche nach unten zeigende Hand wird dann mit der anderen an den gestreckten Fingern nach oben gezogen, bis sich ein Ziehen bemerkbar macht. Wichtig ist hier, das Handgelenk locker zu lassen und keinen Gegendruck zu erzeugen.

Dehnung hilft, Problemen vorzubeugen und kann gleichzeitig genutzt werden, um diese im Fall der Fälle zu behandeln.

Bei beiden Varianten hält man die Dehnposition für etwa eine halbe Minute, löst sie dann langsam und wartet einen Augenblick, bevor man von vorn beginnt. Die Übungen sollten mehrmals täglich ausgeführt werden. Im Normalfall lassen die Probleme dann binnen einiger Tage nach. Verringern sich die Symptome trotz Ruhe und Dehnung nicht, ist der Gang zum Arzt empfehlenswert, dem weitere Therapiemöglichkeiten zur Verfügung stehen. Lange warten sollte man damit nicht. Wird der Golf- oder Tennisarm frühzeitig behandelt, hat man gute Chancen, die Probleme vollständig in den Griff zu bekommen. Wer unbeirrt weitermacht, riskiert hingegen, ein Fall für die Chirurgie zu werden. Aber keine Sorge: Die Mehrzahl der Kletterer muss sich mit diesem Thema nie beschäftigen. Und selbst wenn, ist es noch seltener, dass eine OP nötig wird.

Muss ich mich für das Bouldern erwärmen? Wenn ja, wie?

Ja, absolut! Beim Bouldern ist die Erwärmung genauso wichtig wie bei jeder anderen Sportart. Das Aufwärmen hat den einfachen Sinn, den Körper auf die kommenden Belastungen vorzubereiten. Die Muskeln werden besser durchblutet, Sehnen und Bänder geschmeidig und die

Gelenke beweglicher, wenn man auf Betriebstemperatur kommt. Verzichtet man darauf, ist das Verletzungsrisiko wesentlich höher. Gut aufgewärmt sind Probleme wie der zuvor beschriebene Golfer- oder Tennisarm ebenfalls unwahrscheinlicher.

Die Erwärmung sieht nicht viel anders aus als bei anderen Sportarten. Armkreisen, auf der Stelle laufen, Hampelmänner, ein paar Liegestütze, die Windmühle und Ähnliches sind gute Mittel zur Vorbereitung. Anschließend kann man sich leicht dehnen und dann in die ersten einfachen Boulder einsteigen. Dass man nicht gleich Vollgas gibt, ist wichtig, weil die Finger von den vorgenannten Übungen nicht wirklich aufgewärmt werden. Also macht es Sinn, zusätzlich noch eine Handvoll leichte Boulder zu klettern, bis auch der letzte Muskel und die letzte Sehne etwas zu tun bekommen hat.

Wer bereits etwas besser im Training steht, kann auch gleich mit dem Bouldern beginnen. Es ist nicht unüblich, dass Fortgeschrittene zur Erwärmung eine lange Traverse ohne fest definierte Griffe und Tritte machen. Undefiniert heißt, dass man greifen und treten kann, was die Wand zu bieten hat. Vorteil dieser Erwärmungsvariante ist, dass dabei auch Ausdauer abgefordert wird, die beim Bouldern ansonsten zu kurz kommt. Eine Alternative bietet das Auf- und Abklettern einer Route ohne Pause. Spannend oder vielseitig ist das allerdings nicht.

Mir fehlt es an Kraft! Soll ich jetzt die Hantel schwingen?

Die Frage nach Kraftsport als Ergänzung zum Bouldertraining hat viel mit der eigenen Philosophie zu tun. Ein großer Teil der Klettergemeinde wird Hanteltraining zum Muskelaufbau eher ablehnen und zu bedenken geben, dass größere Muskeln auch mehr Gewicht bedeuten. Zusätzliches Gewicht heißt wiederum, dass man mehr nach oben schleppen muss. Es gibt allerdings auch Boulderer und Kletterer, die durchaus Muskelaufbau betreiben und versuchen, das Optimum zwischen zusätzlichem Gewicht und Kraftzuwachs zu finden.

Egal, welchem Ansatz man selbst folgen will, für Anfänger ist zusätzliches Training eigentlich nicht nötig. Gute Fortschritte lassen sich in den ersten Monaten und sogar Jahren auch dann erzielen, wenn man in den Trainingseinheiten bouldert, anschließend etwas mehr bouldert und zum Abschluss noch ein paar Boulder zieht. Sprich: Gerade am Anfang ist das beste Bouldertraining tatsächlich das Bouldern selbst. Nur so verbessert man die Bewegungsabläufe, entwickelt die für die einzelnen Züge notwendige Kraft und lernt, die Techniken anzuwenden.

Zwischen der Kraft, die man im Fitnessstudio aufbauen kann und der, die das Herumturnen an einer Wand mit sich bringt, gibt es zudem einen Unterschied. Der liegt in den verschiedenen Bewegungen und Belastungswinkeln begründet, mit denen und in denen die Muskulatur beansprucht wird. Diese sind beim Bouldern wesentlich vielfältiger als es beim Training mit Hanteln der Fall sein könnte. Da die Muskulatur bei der Adaption direkt auf die vorhergehende Art der Belastung reagiert, können Muskeln, die auf der Hantelbank 100 Kilo wegdrücken, erstaunliche Schwierigkeiten damit haben, den eigenen Körper im Stütz an einer Wand nach oben zu schieben. In beiden Fällen ist zwar hauptsächlich der Trizeps gefragt, die Bewegung fällt beim Bouldern aber ungleich komplexer aus. Fehlt die notwendige Koordination, lässt sich mit der im Fitnessstudio antrainierten Kraft nichts mehr anfangen.

Ein leichtes Kraftdefizit ist zudem nichts Schlimmes. Was man mit den Armen nicht wegziehen kann, muss man mit den Füßen lösen, also eine bessere Technik entwickeln. Das hat in jedem Fall etwas für sich, zumal der richtige Bums mit dem Training ganz von allein kommt. Unabhängig davon will ich ergänzendes Krafttraining keinesfalls verteufeln. Es kann nicht schaden, ein paar (mehr) Klimmzüge zu schaffen oder nach zwanzig Liegestützen noch genug Luft für zwanzig weitere zu haben. Wer wirklich etwas tun will, sollte sich um die Rumpfmuskulatur kümmern. Die ist für unsere Körperspannung verantwortlich und damit für Routen in überhängendem Gelände essenziell. Verbessern kann man sich hier mit statischen Halteübungen wie Planks.

Hanteln brauche ich also nicht. Kann ich trotzdem etwas tun?

Absolut! Neben Kraft und Technik, die man auch mit kontinuierlichem Bouldertraining verbessern kann, ist Beweglichkeit beim Bouldern ein echter Trumpf. Wer seine Füße an der Wand problemlos auf Tritten platzieren kann, die auf Hüfthöhe liegen, oder keine große Mühe hat, beinahe in einen Spagat zu gehen, wird es in vielen Situationen leichter haben. Eher steife Kletterer kämpfen dann, den Körper in die richtige Position zu bringen und verpulvern wertvolle Kraftreserven. Wer nicht gerade von Natur aus mit einer hohen Beweglichkeit glänzen kann, fährt gut damit, frühzeitig ein Dehnprogramm ins Training aufzunehmen. Besondere Aufmerksamkeit sollte dem Schultergürtel, der Hüfte beziehungsweise den Hüftbeugern und den Beinen zukommen. Dabei kann man sich auf die Klassiker wie den Spagat oder das Greifen der Zehen verlassen.

Weil Dehnen an sich eine recht langweilige Angelegenheit ist, setzen viele Kletterer mittlerweile als Alternative auf Yoga. Dieser Sport hat sich als ideale Ergänzung erwiesen, da neben der Agilität auch die Kraft und Körperspannung verbessert wird. Auf der Habenseite steht außerdem, dass Yoga hilft, den Kopf freizubekommen, was wiederum die Leistungsbereitschaft beim Bouldern verbessert. Einige Kletterer schwören zudem auf Yoga-Atemtechniken, um in kniffligen Situationen Ruhe zu bewahren. Davon können natürlich auch Blocksportler profitieren, die in schwierigen Routen mit Angstzügen konfrontiert werden, welche nur dann klappen, wenn man sich voll auf die Bewegung konzentriert, anstatt schon vorher vor dem inneren Auge zu scheitern und zu fallen.

Ich will besser werden! Wie oft soll ich trainieren?

Gerade in den ersten Monaten stellen sich beim Bouldern schnell Fortschritte ein – auch dann, wenn man nur einmal in der Woche oder weniger trainiert. Der Körper erlernt die notwendigen Bewegungen, das Zusammenspiel der beteiligten Muskeln wird optimiert und das Körpergefühl verbessert sich. Gleichzeitig lernt man, Boulder zu lesen und hat es dadurch leichter, den richtigen Weg zum Top zu finden. Die Leistung steigt so auch, ohne dass man wirklich gezielt trainieren würde. Wichtig ist lediglich, sich immer wieder neue Herausforderungen zu suchen.

Werden die Griffe kleiner und die Wände steiler, spielt natürlich auch die Kraft eine größere Rolle. Geht man eher selten bouldern, nimmt diese langsamer zu, weil der Körper einige Tage nach dem Training ein

Leistungshoch erreicht, dieses aber wieder abbaut, wenn kein neuer Trainingsreiz gesetzt wird. Um tatsächlich dauerhaft Fortschritte zu machen, ist es deshalb sinnvoll, mindestens zwei Mal in der Woche an die Kletterwand zu gehen, wobei nicht an zwei aufeinanderfolgenden Tagen trainiert werden sollte.

Gerade am Anfang ist es wichtig, dem Körper Zeit zur Regeneration zu geben. Während ein Muskel nur wenige Tage oder Wochen benötigt, um sich an die neuen Anforderungen zu gewöhnen, werden die passiven Strukturen wie bereits erwähnt erst nach Monaten wirklich stärker. Problematisch ist das, weil die Sehnen und Bänder der Finger maßgeblich an der Kraftübertragung beteiligt sind, also hohe Belastungen wegstecken müssen. Gleiches gilt für die Ansätze der Unterarmmuskulatur, die zum großen Teil für die Bewegung der Finger verantwortlich ist. Übertreibt man es, sind Probleme hier vorprogrammiert.

Fakt ist also, dass man allzu häufiges Training in den ersten Monaten nicht wirklich empfehlen kann. Was zu häufig bedeutet, hängt allerdings von den persönlichen Voraussetzungen ab. Ist man beispielsweise relativ leicht, fällt die Belastung geringer aus. Jüngere wiederum haben gegenüber Älteren den Vorteil einer schnelleren Regeneration und können so meist etwas intensiver trainieren, ohne sich dadurch mehr oder minder große Wehwehchen zuzuziehen. Deshalb ist es wichtig, auf den eigenen Körper zu hören. Fühlt man sich nicht völlig fit, hat mit starkem Muskelkater zu kämpfen oder spürt schon zu Beginn des Trainings ein Ziehen in den Ellenbogen und Unterarmen, ist es besser, noch einen oder zwei Tage Pause einzulegen. Solche kurzen Pausen sind einer verletzungsbedingten Auszeit in jedem Fall vorzuziehen.

Kann ich mich als Anfänger am Campusboard austoben?

Einige werden an dieser Stelle sicher fragen, was ein Campusboard überhaupt ist. Hier also erst einmal eine kurze Erklärung, bevor die eigentliche Frage beantwortet wird: Das Campusboard ist in den meisten Boulderhallen in der Trainingsecke zu finden. Es handelt sich dabei um eine leicht überhängende Platte, auf die leiterartig Leisten in verschiedenen Größen aufgeschraubt wurden. Manche Campusboards sind zusätzlich mit Slopern bestückt. Dieses Spielzeug wurde Ende der 80er Jahre von Wolfgang Güllich erfunden und ist nach dem Nürnberger Fitnessstudio Campus benannt. Dort war das erste Exemplar zu finden. Güllich nutze es, um seine Finger auf die Erstbegehung der Kletterroute Action Directe vorzubereiten. Diese gehört noch heute zu den schwersten Touren der Welt und ist vor allem für einen Zug bekannt, bei dem man an einem Einfingerloch hängend in ein Zweifingerloch springt. Seit Güllich unter anderem dank des Trainings am Campusboard zu dieser irren Leistung in der Lage war, ist es ein Standard und wird auch von Hobbykletterern gern genutzt.

Am Campusboard zu trainieren, macht zweifellos stark. Allerdings sollte man es nicht unterschätzen, weil selbst die einfachsten Übungen wie das Nach-Oben-Hangeln schon recht anspruchsvoll sind. Will man es richtig machen, genügt es nicht, sich irgendwie hochzuschwingen. Stattdessen sollte man sich an einer Leiste hochziehen, eine Hand lösen und gleichzeitig den Körper zumindest für einen Augenblick an nur einem Arm hängend oben halten können. Derart viel Kraft haben die meisten Anfänger nicht. Stattdessen sieht man häufig, wie dieses Defizit mit Schwung ausgeglichen wird, was die Finger (und bei gestreckten Armen auch die Schulter) enormen Belastungsspitzen aussetzt. An kleineren Leisten werden die sogar noch höher, was das Campusboard eben nicht nur zu einem tollen Trainingsgerät, sondern auch zu einem Verletzungsmagneten macht. Nutzen sollte man es deshalb wirklich nur, wenn man volle Kontrolle über die Bewegungen hat. Weil Boulderneulingen neben der Kraft auch leistungsstarke Sehnen und Bänder fehlen, würde ich jedem Anfänger abraten, mehr als ein paar Klimmzüge an den größten und mittelgroßen Leisten zu machen. Sorry, aber dieses Spielzeug ist tatsächlich nur etwas für erfahrenere Kletterer.

Ich möchte Abwechslung ins Training bringen, aber wie?

Wenn die machbaren Routen weniger werden, man aber keine Lust hat, sich an einzelnen Projekten über Stunden die Zähne auszubeißen oder schlicht die Kraft dünn wird, muss der Bouldertag noch nicht beendet sein. Es gibt verschiedene Spiele, die sich in solchen Situationen anbieten. Im Idealfall ist man dabei nicht allein, sondern kann sich zusammen mit einem oder mehreren Boulderern austoben, die in etwa auf dem gleichen Leistungsstand sind. Außerdem ist es gut, eine Ecke in der Boulderhalle anzusteuern, die etwas Platz bietet und eine hohe Griffdichte vorzuweisen hat.

Trifft das alles zu, ist das vielleicht simpelste Boulderspiel das Kofferpacken. Fast jeder kennt dieses Gedächtnisspiel, bei dem man sich Gegenstände in der richtigen Reihenfolge merken und die Kette an Dingen immer wieder erweitern muss. Dieses Prinzip funktioniert auch fürs Bouldern wunderbar. Beim Kofferpacken beginnt der erste Spieler damit, Startgriffe zu definieren und absolviert dann einen Zug. Der nächste startet an der gleichen Stelle, bringt den ersten Zug hinter sich und hängt einen weiteren an. Dabei sollte man immer versuchen, Bewegungen festzulegen, die knifflig, aber nicht überfordernd sind. Andernfalls wird man nur sehr kurze Boulder definieren können. Schließlich muss bei jedem neuen Durchgang stets von vorn gestartet werden, bevor man einen weiteren Zug festlegt. Nach ein paar Runden gerät das zur anspruchsvollen Aufgabe, die die Ausdauer fordert und effiziente Bewegungen abverlangt. Außerdem wird man zumindest bei interessant gebauten Bouldern gezwungen, ungewohnte Züge zu absolvieren und dafür kreative Lösungen zu finden. Wer den Anspruch erhöhen will, definiert neben den Griffen auch die Tritte. So lassen sich Bewegungen regelrecht erzwingen.

In eine ähnliche Richtung geht das Ansagen von Griffen. Dabei bestimmt der Spieler auf der Matte, welche Griffe (und Tritte) der Kollege an der Wand als nächstes nehmen soll. Ziel ist es natürlich nicht, den Kletternden schnell von der Wand zu holen, sondern Aufgaben zu stellen, die anspruchsvoll, aber machbar sind. Dadurch trainieren beide: Der Ansager visualisiert im Idealfall, wie und ob Züge funktionieren könnten, bevor er den anderen auffordert, diese zu machen. Das hilft später beim Routenlesen. Der andere wird derweil körperlich auf die Probe gestellt. Wer Ansagen spielen will, ist gut beraten, sich einen Laserpointer anzuschaffen. Damit Griffe und Tritte zu zeigen, funktioniert wesentlich besser, als sie tatsächlich anzusagen. Zur Not tut es natürlich auch ein Zeigestab.

Wer keinen Trainingspartner hat, kann sich auch allein auf die Probe stellen. Dazu wählt man willkürlich Start- und Zielgriffe aus, die es im

Anschluss zu verbinden gilt. Beim ersten Versuch können dafür alle Griffe und Tritte an der jeweiligen Wand verwendet werden. Meistens ist das noch keine große Herausforderung. Im zweiten Durchgang streicht man dann eine Farbe aus der Auswahl und macht es sich so schwerer. Erreicht man den Zielgriff dennoch, wird die nächste Farbe gestrichen, bis nur noch eine übrig ist oder der Endgriff unerreichbar wird. Sollte die Kletter- oder Boulderhalle nicht ausreichend mit Griffen und Tritten bestückt sein, kann man diese auch paarweise oder einzeln wegdefinieren. Sinn ist in jedem Fall, die abgeforderten Züge immer anspruchsvoller zu machen. Das funktioniert natürlich auch mit mehreren Spielern und hat dann den Vorteil, dass man möglicherweise Lösungen zu sehen bekommt, auf die man allein nicht gekommen wäre.

Wer kreativ sein möchte, kann darüber hinaus allein oder gemeinsam mit anderen vollständige Boulder definieren. Dabei werden Griffe und Tritte festgelegt, bevor man tatsächlich in das Problem einsteigt. Die Herausforderung liegt hier gerade für Neulinge darin, mögliche Bewegungen zu erkennen, bevor man sie tatsächlich absolviert. In jedem Fall ist man so nicht mehr gezwungen, seine Trainingszeit an vorgeschraubten Routen zu verbringen, die zu leicht oder zu schwer sind. Genau genommen ist diese Übung auch eine Möglichkeit, Züge aus schweren Routen, die nicht klappen wollen, nachzuempfinden und so die Bewegungsabläufe einzuschleifen.

Ich will hoch hinaus! Taugt Bouldern als Vorbereitung fürs Klettern?

Bouldern und Klettern sind eng miteinander verwandt. Wer eine Wand erklimmen will, muss grundsätzlich die gleichen Bewegungen und Kniffe beherrschen, egal, ob die Route vier oder 40 Meter lang ist. Deshalb kann man sich beim Bouldern tatsächlich auch auf das Klettern längerer Routen vorbereiten. Trotzdem sind die Anforderungen nicht völlig identisch. Offensichtlich ist zum Beispiel, dass sich Kletterer mit Sicherungstechniken auskennen und etwas mehr Ausrüstung besitzen müssen. Ohne Seil, Gurt und Sicherungsgerät geht es nicht. Wer draußen unterwegs sein will, braucht zudem ein paar Expresssets (kurz Exen). Diese werden in die Sicherungsanker am Felsen eingehangen und dienen im Fall eines Sturzes als Umlenker für das Seil. Außerdem muss man wissen, wie diese Exen einzuhängen sind und wie man das Seil richtig klippt. Wer dabei Fehler macht, riskiert Bodenstürze. Das beim Klettern notwendige Wissen ist also deutlich umfangreicher als beim Bouldern.

Was die körperliche Leistungsfähigkeit angeht, gibt es ebenfalls Unterschiede. Boulderer müssen sich für gewöhnlich nur durch einige wenige Züge kämpfen, die einen hohen Krafteinsatz fordern. Dabei ist Maximalkraft gefragt. Klettern hingegen ist ein Ausdauersport. Wie zu Beginn des Buchs bereits erwähnt, geht es eher darum, die Kraft einzuteilen, um nicht kurz vor dem Ende der Route mit schlappen Armen aufgeben zu müssen. Genau dieses Problem werden Boulderer aber haben, wenn sie vom Kraxeln an flachen Blöcken zum Klettern wechseln. Nach ein paar Metern spürt man, wie die Arme hart werden und die Kraft in den Fingern nachlässt. Die notwendige Ausdauer muss erst einmal aufgebaut werden. Das kann man natürlich auch in der Boulderhalle in Angriff nehmen, wenn man Boulder spult, Wände traversiert oder Blöcke so oft wie möglich umrundet.

Leichter als ein absoluter Kletterneuling wird man es beim Einstieg ins Sportklettern aber selbst ohne dieses Training haben. Weil die notwendigen Techniken bereits vorhanden sind, können Boulderer mit etwas Erfahrung vom Start weg schwerer klettern. Wer häufiger klettert, wird eventuell sogar besser bouldern, weil sich die Technik weiter verfeinert. Mit purer Kraft ist in langen Routen schließlich weniger zu machen als in kurzen. Es schadet also sicher nicht, wenn man – sofern die Möglichkeit vorhanden ist – hin und wieder von der flachen an die hohe Wand wechselt.

Was hat es mit den Schwierigkeitsgraden auf sich?

Apropos Schwierigkeit: Um den Anspruch verschiedener Routen und die Leistungen einzelner Boulderer vergleichbar zu machen, haben sich verschiedene Schwierigkeitsskalen etabliert. In Deutschland setzt man in der Regel auf die Fb-Skala, die im französischen Klettermekka Fontainebleau entwickelt wurde. Nach diesem Bewertungssystem werden einfachste Routen mit 2a bewertet, die nächsten Stufen wären 2b und 2c, darauf folgt der Schwierigkeitsgrad 3a. Dabei handelt es sich zumindest in Hallen um Boulder, die auch blutige Anfänger ohne größere Probleme klettern können.

Der mittlere Schwierigkeitsgrad beginnt etwa mit Fb 5c, wobei ab diesem Grad noch eine weitere Ausdifferenzierung vorgenommen wird. Dadurch folgt hier als nächste Stufe nicht Fb 6a, sondern Fb 5c+ und erst dann der sechste Grad. Gleiches gilt für jeden weiteren Grad. Die aktuell schwersten Boulder werden mit Fb 8c+ bewertet und sind für Normalsterbliche unmöglich lösbar. Mit regelmäßigem und effektivem Training können sich Hobbysportler zumindest aber in den oberen siebten, vereinzelt auch in den unteren achten Grad vorarbeiten.

Man sollte allerdings nicht den Fehler machen, sich auf Schwierigkeitsgrade zu versteifen. Diese sind eine sehr persönliche Sache. Liegt einem eine Bewegung nicht, kann auch ein nach der Bewertung unter dem eigenen Niveau liegender Boulder zur Herausforderung werden. Knobelt man die Einzelzüge dann aus, gibt es keinen Grund, sich diesen Erfolg durch den Blick auf die vermeintlich niedrige Schwierigkeit verderben zu lassen. Viele Boulderhallen haben deshalb bereits aufgehört, Routen nach dem Schrauben mit Fb-Bewertungen zu versehen. Schließlich zählt, die individuellen Grenzen zu verschieben und nicht, einer Zahl gerecht zu werden. Gleichzeitig ist es schwierig für die Betreiber, zu einer objektiven Bewertung zu kommen. Passt ein Boulder zum eigenen Stil, wird man ihn als Routenschrauber leichter einschätzen als ein Problem, das ungewohnte Bewegungen abfordert. Bei Linien am Naturfelsen kommt es deshalb häufig vor, dass sie auf- oder abgewertet werden, nachdem der Erstbegeher einen Bewertungsvorschlag gemacht hat und sie von anderen wiederholt wurden.

Mit den Bewertungen von Kletterrouten sind Boulderskalen übrigens nicht vergleichbar. Es gibt zwar Versuche, die Skalen umzurechnen, da die körperlichen Anforderungen andere sind, macht das allerdings wenig Sinn. So werden Boulderer, die eine Fb 7a schaffen, aber selten mehr als sechs oder sieben Züge am Stück machen, an einer nach der UIAA-Skala mit 9+ bewerteten Kletterroute mit Sicherheit verzweifeln – auch wenn die Schwierigkeiten bei beiden Routen zumindest in Sachen Klettertechnik ähnlich sein sollten.

Das erste Mal draußen – was muss ich beachten?

Auch wenn der Vertikalsport zunehmend zu einer Sache wird, die man in Hallen betreibt, bleiben die Wurzeln weiter präsent. Viele Boulderer und Kletterer, die am Plastik ihre ersten Züge gemacht haben, wollen sich deshalb irgendwann am echten Felsen versuchen. Das erfordert gleich in mehrfacher Hinsicht Umgewöhnung. Dazu gehört beispielsweise, eine neue Art des Routenlesens zu erlernen. Während in der Halle Griffe und Tritte klar zu erkennen sind, gibt es solche Vorgaben draußen nicht – sofern man nicht gerade in einem Gebiet unterwegs ist, in dem Hunderte Boulderer vorher Chalkabdrücke und -markierungen (im Klettersprech auch Tickmarks genannt) am Felsen hinterlassen haben. Das macht es wichtiger, mit wachem Kopf zu bouldern. Am besten versucht man, sich schon vor dem Einstieg einzuprägen, wo Griffe und Tritte sein könnten. Andernfalls wird man wohl häufiger ratlos an der Wand hängen und den Weg nach unten antreten, ohne zuvor das Ende des Boulders erreicht zu haben. Hier spielt Erfahrung eine wichtige Rolle. Je häufiger man in der freien Natur bouldert, desto leichter fällt es auch, Tritte und Griffe zu finden. Gleichzeitig lässt die Angst nach, mit der viele nach dem Tapetenwechsel zu kämpfen haben.

Sicherheit

Sicherheit ist der wichtigste Aspekt, um den man sich beim Start ins Draußenklettern Gedanken machen muss. Wer die Weichbodenmatte der Kletterhalle gegen den Waldboden tauscht, sollte in jedem Fall genügend Crashpads dabei haben. Vor allem, wenn es sich um kleinere Pads mit etwa einem Quadratmeter Fläche handelt, kommt man mit nur einer Matte nicht aus. Zwei sollten es dann mindestens sein. Will man das Absprunggelände großflächig auspolstern und eventuell herumliegende Steine abdecken, ist es besser, sogar noch ein paar mehr mitzunehmen.

Dazu, wie man am besten polstert, gibt es verschiedene Ansichten. Einerseits wird empfohlen, die Pads großzügig überlappend auszulegen, um keine Lücken zu lassen, andererseits können sie so zum Risikofaktor werden, wenn man mit dem Fuß genau auf einer Kante landet und umknickt. Ich persönlich würde immer abwägen. Handelt es sich um ein zerklüftetes Absprunggelände mit Spalten, in denen ein Fuß oder Arm verschwinden könnte, machen überlappende Pads durchaus Sinn. Ist der Boden eben, kann man die Matten auch Kante an Kante auslegen, sollte dann aber penibel darauf achten, dass keine verrutscht. Die Höhe des Boulders spielt ebenfalls eine Rolle. Ist er höher als drei oder vier Meter, würde ich zumindest beim Einsatz der typischen kleineren und dünneren Einstiegspads mit etwa zehn Zentimeter Tiefe zwei Exemplare stapeln. Andernfalls steht dem Kletterer im Falle eines Sturzes oder Absprungs womöglich eine unangenehm harte Landung bevor, weil die Pads nicht mehr genug Dämpfung bieten und man auf den Boden durchschlägt.

Passieren kann das auch, wenn man sie falsch herum auslegt. Insbesondere bei Bouldermatten, welche nur aus zwei Lagen Schaumstoff bestehen, ist es wichtig, Ober- und Unterseite nicht zu vertauschen. Diese sind so konzipiert, dass die obere Seite aus härterem Schaumstoff den Stoß fängt und die Energie auf die Fläche verteilt. Die darunterliegende weichere, aber auch dickere Schicht soll die Energie anschließend schlucken. Diese Kombination sorgt für eine relativ sanfte Landung, verfehlt ihre Wirkung aber, wenn man zuerst auf die Unterseite aufschlägt, die die Stoßenergie nicht so gut verteilt. Wirklich gebremst wird der Kletterer bei einem verkehrt ausgelegten Pad erst vom harten Schaumstoff, der den Sturz jedoch kaum dämpft. Dann macht es vor allem beim Absatteln von höheren Bouldern kaum noch einen Unterschied, ob man auf der Matte oder direkt auf dem Boden landet. Ein ebenfalls nicht zu unterschätzender Nachteil ist, dass die Tragegurte bei den meisten Pads auf der Unterseite angebracht sind. Legt man diese nach oben aus, könnte sich der fallende Kletterer während der Landung darin verheddern, stolpern und genau deswegen unglücklich stürzen. Lässt sich die Matte nicht anders auslegen, was in manchen Situationen vorkommen kann, müssen deshalb die Riemen abgenommen werden.

Das Absprunggelände gut auszupolstern, ist allerdings nur ein Teil der notwendigen Sicherheitsvorkehrungen. Denn auch wenn man weich fällt, heißt das nicht zwangsläufig, dass man sicher fällt. Wer in der freien Natur bouldert, ist gut beraten, sich von einem Partner spotten zu lassen. Bei einem Sturz ist es dessen Aufgabe, eine Landung neben der Matte zu verhindern. Ist ein zweiter Spotter anwesend, sollte der gleichzeitig die Pads neu ausrichten, wenn der Routenverlauf das nötig macht. Bei längeren Traversen, die man nicht vollständig mit Crashpads absichern kann, ist das durchaus üblich. Meine Erfahrung hat außerdem gezeigt, dass man sich selbst dann nicht darauf verlassen sollte, gespottet zu werden, wenn die Kletterkollegen am Mattenrand stehen. Eher das Gegenteil ist der Fall. Oft genug wird nur zugeschaut, ohne dass sich jemand zuständig fühlt. Macht man dann einen Abflug, kann niemand mehr rechtzeitig reagieren. Richtig ist es also, vor dem Losklettern aktiv eine oder zwei Personen darum zu bitten, das Spotten zu übernehmen.

Selbst für diese Rolle ausgewählt zu werden, bringt natürlich auch ein paar Dinge mit, die man berücksichtigen muss. Dazu gehört, sich von Anfang an einen festen Stand zu suchen, damit man bei einem Sturz nicht umgerissen wird. Außerdem sollte man ein wenig auf die eigenen Finger achten – Stichwort abgespreizter Daumen. Auch wenn man es vom Fangen gewohnt ist, sollte man beim Spotten tunlichst vermeiden, den Daumen von der restlichen Hand wegzustrecken. Versucht man einen Fallenden mit auf diese Weise geöffneten Händen in Richtung Matte zu stoßen, kann die Belastung zu viel werden und das Daumengelenk wegknicken. Besser ist es deshalb, alle Finger nah beieinander zu halten.

Was im Eifer des Gefechts gern vergessen wird, ist, dass man natürlich auch von oben Hilfestellung leisten kann. Eine meiner ersten Erfahrungen beim Bouldern in der Natur war ein etwas kribbeliger Ausstieg, bei dem ich unsicher war, ob der letzte Tritt ausreichend Halt bieten würde. Belasten wollte ich ihn nicht, eine Alternative konnte ich aber genausowenig finden. Das nötige Vertrauen verschaffte mir dann meine Kletterpartnerin, die meinen Arm griff und damit das Gefühl von zusätzlicher Sicherheit vermittelte. Wäre ich gerutscht, hätte sie mich nicht halten können. Realistisch gesehen bestand diese Gefahr jedoch nie. Es ging lediglich darum, die Barriere in meinem Kopf zu überwinden. Weil das gerade am Anfang ein Problem sein kann, ist ein Kollege, der oben wartet und eventuell Griffe und Tritte ansagt, eine gute moralische Stütze. Wer ganz sicher gehen will, schaut sich das Ende bei Ausstiegsbouldern zuvor selbst einmal an. In Bouldergebieten, die weniger stark frequentiert sind, würde ich das sogar unbedingt empfehlen. Nichts ist unangenehmer, als in drei oder vier Meter Höhe festzustellen, dass die Ausstiegsgriffe zugewachsen oder versandet sind.

Verhaltensregeln

Dass draußen nicht immer beste Konditionen herrschen können und auch nicht sollen, ist ein Umstand, den man hinnehmen muss. Das Bewusstsein, dass Felsen keine Sportgeräte sind und ein Wald keine Kletterhalle ist, fehlt vielen Neulingen – so lautet zumindest die Kritik mancher Kletterer der alten Schule. Zu oft wird versucht, Bedingungen herzustellen, die denen an der Kunstwand nahekommen. So ein Verhalten kollidiert allerdings mit den Interessen des Naturschutzes und ist deshalb in manchen Regionen bereits zur Gefahr für den Sport geworden. Es gilt also, die eigenen Wünsche den Begebenheiten vor Ort unterzuordnen. Wer draußen bouldern möchte, muss das im Interesse der gesamten Community verinnerlichen.

Für die Kletterei hat sich deshalb der Grundsatz „Leave no traces!" - „Hinterlasse keine Spuren!" etabliert. Das beginnt bereits bei Kleinigkeiten wie einer achtlos weggeworfenen Zigarettenkippe, einem Tape-Rest oder dem Kaugummipapier. Sogar Überreste von Snacks wie Äpfeln oder Bananen sollten nicht in die Umgebung entsorgt, sondern im Müllbeutel wieder mit nach Hause genommen werden. Auch Müll, den man nicht selbst verursacht hat, lässt man besser nicht liegen, sondern sackt ihn mit ein. Andernfalls können sich stark frequentierte Gebiete in kurzer Zeit vom Naturparadies zu einer Müllhalde entwickeln. Das ist dann nicht nur unschön anzusehen, sondern ruft auch Klettergegner auf den Plan. Immer wieder werden Gebiete von der Verwaltung oder Eigentümern gesperrt, weil der Besucherverkehr zu einer Belastung geworden ist. Dafür müssen nicht immer die Felssportler verantwortlich sein, die Erfahrung zeigt aber, dass sie die Leidtragenden sind.

Zum rücksichtsvollen Verhalten zählt außerdem, auf die Beschallung der Umgebung mit Musik zu verzichten und die vorhandene Vegetation zu schonen. Das gilt auch für den Weg ins Gebiet, der nur auf den dafür vorgesehenen Pfaden angetreten werden darf. Bauern reagieren nur selten erfreut, wenn eine Matten tragende Horde über ihre Äcker und Weiden marschiert. Um gleichzeitig den Einfluss auf die Tierwelt möglichst gering zu halten, sollte der Boulderausflug vor Einbruch der Dunkelheit enden und nur dort übernachtet werden, wo es auch erlaubt ist. Wer seine Notdurft im Gebiet verrichten muss, tut gut daran, sich ein paar Dutzend Meter von den Felsen zu entfernen und die Hinterlassenschaften abzudecken, im besten Fall zu vergraben. So verhindert man, dass andere darüber stolpern.

Der Einsatz von Chalk ist ebenfalls ein Streitthema. In vielen Gebieten ist er zwar geduldet, sollte aber nicht übertrieben werden. Wenn ein dunkler Fels nach dem Bouldern mit weißen Handabdrücken und Markierungen übersät ist, war es vermutlich zu viel des Guten. Solche Spuren sollten bestmöglich mit einer Bürste entfernt werden. Hintergrund dafür ist nicht nur die Optik. Zum einen legen manche Kletterer großen Wert darauf, eigene Wege zu finden und werden durch eingechalkte Griffe und markierte Tritte um diese Erfahrung gebracht, zum anderen kann Chalk dem Felsen schaden. In einigen Gebieten ist der Einsatz deshalb grundsätzlich verboten. Generell ist es also eine gute Idee, sich vor dem Ausflug über die Regeln am Ziel zu informieren. Teil der Vereinbarungen zwischen den lokalen Kletterern und Naturschützern können auch saisonale Sperrungen sein, um beispielsweise die Vogelbrut nicht zu stören. Werden solche Abmachungen missachtet, kann das die komplette Sperrung nach sich ziehen. Dem einen oder anderen mag das nervig vorkommen, es bleibt aber der einzige Weg, das Klettern in der Natur allen zu erhalten.

Herausgegeben von:

Ralf Winkler
Veilchenstraße 30
99092 Erfurt

Online-Kontakt: http://www.grundkurs-bouldern.de

Gedruckt in Deutschland durch:

Amazon Distribution GmbH, Leipzig

22287479R00063

Printed in Poland
by Amazon Fulfillment
Poland Sp. z o.o., Wrocław